What's Your
Evidence?

U0500863

科学论证怎样教？
帮助学生构建科学解释

何燕玲　孙慧芳　译

[美] 卡拉·泽姆巴尔－索尔 (Carla Zembal-Saul)

[美] 凯瑟琳·L. 麦克尼尔 (Katherine L. McNeill)　合著

[美] 金伯·赫什伯格 (Kimber Hershberger)

教育科学出版社
·北 京·

我们把这本书献给世界各地的"小小科学家①"，特别是扎克和托马斯，愿你们永远对这个世界保持好奇。

我们也把这本书献给我们各自的爱人，杰里、赖安和约翰，感谢他们不断的鼓励、坚定不移的支持和爱。

---

① 20世纪80年代中期，美国启动科学教育系统改革，提出"每个孩子都是科学家"的口号和目标。——译者注

作者简介

卡拉·泽姆巴尔-索尔（Carla Zembal-Saul）

美国宾夕法尼亚州立大学教育学院科学教育教授

　　曾做过中学科学教师，在密歇根大学获得了博士学位，参与中小学与大学的教学、科研、社会服务等合作工作有15年之久。主要研究小学教师专业发展——教师学习，以支持小学生开展基于证据的口头和书面科学论证。将分析和观察课堂对话作为工作的一项基本内容，把视频分析既作为研究工具，也作为教师教育工作中的教学方法。在众多书籍和同行评审期刊中发表研究成果，同时积极参加包括美国科学教学研究协会（NARST，National Association for Research in Science Teaching，一个旨在通过研究改进科学教学和学习的世界性科学教育研究专业学会）和美国科学教师协会（NSTA，National Science Teaching Association，世界上最大的科学教师组织，致力于促进科学教学的卓越和创新；提供了很多高质量的科学资源，帮助科学教育工作者在其职业生涯中获得专业、优质的支持）在内的科学教育专业组织。

凯瑟琳·L. 麦克尼尔（Katherine L. McNeill）
美国波士顿学院科学教育助理教授

曾做过中学科学教师，在密歇根大学取得了科学教育博士学位，研究重点是如何支持不同背景的学生以口头和书面的方式进行科学解释和科学论证。研究曾得到美国国家科学基金会（NSF, National Science Funding）的大力资助。出版有关于如何让中学生参与构建科学解释的著作，并参与了多本图书的撰写。在多个期刊发表文章，包括：《科学教学研究》（Journal of Research in Science Teaching）、《科学教育》（Science Education）、《学习科学》（the Journal of the Learning Sciences）、《国际科学教育》（the International Journal of Science Education）。2011年获得美国科学教学研究协会（NARST）颁发的青年学术研究奖，也多次在美国科学教师协会（NSTA）举办的年会及多个学区开展工作坊。

金伯·赫什伯格（Kimber Hershberger）
美国宾夕法尼亚州立大学学区小学科学教师

获得美国朱尼亚塔学院基础教育学士学位和宾夕法尼亚州立大学科学教育硕士学位，现担任宾夕法尼亚州立大学学区科学方法课程的联合讲师以及专业发展学校合作项目的导师。和当地的一个专业学习团体，致力于将科学内容故事线和观点证据、论证（claim, evidence, reasoning, CER）框架整合到科学教学中。与他人合著的一些文章发表在美国科学教师协会（NSTA）主办的期刊上，包括《科学与儿童》（Science and Children）和《科学视野》（Science Scope）。多次在美国科学教师协会举办的年会（包括研究成果发布会）上，介绍如何通过科学讨论和记录为学生搭建使用观点和证据的支架。

推荐序

　　作为宾夕法尼亚州立大学学区公园森林小学的校长和学习领导者、科学课程的坚定倡导者，我致力于帮助学生成为理解科学的世界公民。我坚信，引导学生像科学家一样思考、参与科学实践是教师的一项重要任务。当许多学校和地区把精力放在提高学生的语文、数学成绩时，我们必须找出时间并提供机会，让学生参与有意义的科学学习。科学对话和科学写作是提高学生语言技能的重要途径。如果我们的学生想要成为有能力、有洞察力、积极主动改变世界的引领者，那么在科学论述中运用语言的能力至关重要。学生在运用观点、证据和推理进行口头与书面解释，富有成效地开展探究和研讨时，需要更深入地思考科学概念及其在日常生活中如何应用。

　　尽管学校的很多学生在学习上遇到了困难，但我发现科学学科对每个学生都是公平的。所有的学生对科学、对世界都有一种天然的好奇心和热情。如果我们的教师在课堂上呈现积极的教学，组织师生和生生互动，学生有机会在科学课上开展研究、进行体验，那么每个学生的贡献都是均等的，所有学生都可以参与到讨论中来，分享关于科学概念的第一手知识。英语非母语的学生则可以使用材料或者科学杂志上的插图分享他们的发现。

　　当我读卡拉·泽姆巴尔-索尔、凯瑟琳·L.麦克尼尔和金伯·赫什伯格写的这本书时，很高兴能找到一种资源来共同帮助有经验的教师和新教师思考他们的科学教学实践。我希望教师们在小组中借助课例研究一起使用这本书，大家互相支持，研究出使用连贯的科学内容故事线和科学解释框架进行科学教学的方法。我还希望教师们能研究书中的教学片段，分享彼此的发现，从而互相学习，理解并运用科学对话的方法。研究问题是引领对话的有效方式，它鼓励教师审视自己的实践，做出改变，并和同伴一起反思各自的进步。

　　论证和对话是科学研究中必不可少的要素。如何提问和指导学生在分歧中开展对话，这本书能帮助教师在教学中变得更加得心应手。在科学研究中，倾听和对话时互相尊重非常重要。同时，作为一种终身学习的能力，对话在民主社会是不可或缺的，我们要为学生提供参与对话的机会。

　　我非常赞同这本书以及它所提倡的科学解释和科学对话的内容。作为教师的学习工具，它能真正帮助教师引导儿童"像科学家一样思考、参与和讨论"。此外，教师之间开展对话和研讨也有助于研究小组或专业学习共同体的建设，甚至能影响整个学校成为科学学习共同体。

杜南·斯多奇

宾夕法尼亚州立大学学区公园森林小学校长/学习领导者

写给读者的话

尽管长期以来人们一直认为内容和过程是学校科学学习的重要方面，但当前关于科学能力的新观点强调让学生参与科学实践（scientific practices）（Duschl, Schweingruber, Shouse, 2007；Michaels, Shouse, Schweingruber, 2008）。学生不仅需要理解科学概念、应用科学概念解释自然现象，而且要形成和评价科学证据，构建基于证据的解释并进行论证，有效地参与到科学学习共同体中。过去认为，年纪小的孩子难以使用复杂的推理参与这些复杂的实践，但是最近对儿童的思维研究（以及我们在课堂中的经验）表明，他们有能力进行科学推理和实践（Duschl, Schweingruber, Shouse, 2007）。在这本书中，我们认为孩子是有能力的小小科学家。我们提倡用保护孩子对大自然的天然好奇心来教科学。书中还提供了具体的基于研究的方法策略，旨在帮助学生通过口头和书面的方式构建科学解释。

让学生参与构建科学解释的益处已经得到了充分的证实。我们的研究表明，当学生写出科学解释并进行分析时，他们使用证据证实观点和进行科学推理的能力会受到积极的影响。（McNeill, Lizotte, Krajcik, Marx, 2006；McNeill, Krajcik, 2009）。同时，当学生构建科学解释时，也在学习重要的科学概念（Bell, Linn, 2000；McNeill et al., 2006；McNeill, Krajcik, 2009）。此外，构建科学解释还可以帮助学生形成"21世纪技能"，如沟通和解决问题的能力，这对学生参与未来的职业生活非常重要（Krajcik, Sutherland, 2009）。最后，这种方法还促进了科学和语言文字之间有意义的联系，许多教育工作者甚至认为构建科学解释对学生的科学学习和语言学习都有益处（Hand, 2008；Hand, Keys, 1999）。当学生参与科学解释的构建、交流和批判时，他们的思维是公开可见的（Bell, Linn, 2000；Michaels et al., 2008）。因此，学生就能思考自己的理解与同学的想法是否一致，教师也可以监控和评估学生的学习情况。我们想告诉大家的是，本书中提出的教学策略和脚手架能够帮助所有学生提高科学能力，包括英语非母语的学生和有特殊需要的学生。

在研究中我们也发现，以这种方式进行教学颇具挑战性。我们认为教师就是超级英雄，因为他们总是反思自己的实践，并在课堂上尝试新的方法。研究和经验表明，教师如何整合书中描述的教学策略十分关键（Zembal-Saul，2009）。这关乎着教学的实效性，例如，要深化学生对科学内容的理解，提高他们基于证据进行解释的能力（McNeill，2009；McNeill，Krajcik，2009）。我们在书中提供了一个解释框架，教师可以用它来组织一切，包括从教学设计到教学策略，从教学支架到评价任务。此外，学生还可以用这个框架帮助他们做好科学对话和科学写作。

我们在本书提出的基于科学解释（McNeill et al.，2006）和科学论证（Zembal-Saul，2005，2007，2009）形成的框架及其多种变式，教师已经使用了十多年。该框架包括：提出一个观点，使用证据和推理来支持这一观点，这就是为什么我们在书中把它称为CER（claim、evidence、reasoning）框架。CER框架不仅让学生学习科学解释，而且还教学生如何从证据中构建解释，以及如何评价这些解释。该框架的开发基于科学教育的国家标准和改革文件，包括《国家科学教育标准》（*National Science Education Standards*）（NRC，1996）、《科学素养的基准》（*Benchmarks for Scientific Literacy*）（AAAS，1993）、《把科学带到学校》（*Taking Science to School*）（Duschl et al.，2007）、《准备，出发，科学!》（*Ready*，*Set*，*Science!*）（Michaels et al.，2008）、《K—12科学教育框架：实践、跨学科概念和核心概念》（*A Framework for K-12 Science Education*：*Practices*，*Crosscutting Concepts*，*and Core Ideas*），以及有关论证和说服的国家语言应用标准，比如《英语语言艺术共同核心州立标准》（Common Core State Standards Initiative，2010）。

对许多教师来说，让学生参与构建科学解释与以往的教学方式截然不同。多年来，与我们合作的一线教师经常说，尽管学习这种方法有一定的难度，但它的效果值得这么做，教师们甚至无法想象今后通过其他方式来教科学的情景。为了在课堂上成功地使用CER解释框架和相关策略，这些教师至少会和一位同事一起，在小范围内尝试新的策略，耐心地和学生一起建立关于口头和书面科学解释的标准。我们认为本书提供了很好的建议，希望它能够帮助你们积极推进面向全体学生的科学教学。

本书的主要特点

本书通过六个关键点来讨论和说明如何将科学解释融入课堂。

• 每一章开始都有一个教学片段，呈现课堂教学情景，说明各章将会讨论的要点。教学片段提供了一个真实的场景，展现了各章讨论的基本观点在实践中是如何体现的。

• 在每一章，我们整合了学生的书面作品样例，以呈现不同年级学生在构建科学解释中常见的困难。

• 我们还呈现了一些课堂实录，展现了学生的课堂对话和各种教学策略的使用。通过这些不同年级学生的学习情景，说明科学解释在不同难度和不同主题的科学学习中是如何表现的。

• 在各章，我们详细介绍了能支持所有学生在对话和写作中构建科学解释的教学策略，包括对不同背景和经验的学生，如母语非英语和有特殊需要的学生的教学策略。

• 在每章的结尾，我们都设置了小结环节，总结梳理一章讨论的关键点（见各章"本章关键要点"部分），并引出后面章节将要讨论的内容。可以说，小结提供了书中基本观点的路线图。

• 最后，每一章都以小组研究问题结束（见各章最后的"阅读反思与实践"部分）。这些问题既可供个人思考，也可与同事们一起讨论，并将讨论生成的观点和做法应用到实际的科学课堂中。

我们真诚地希望正在翻看这本书的你，读完本书之后能对"将科学解释融入对话和写作中"达到清晰的认识水平。此外，各种策略和工具能帮助你在课堂中应用科学解释，从而构建一个个小小科学家共同体。

各章节概述

本书的前两章概述了什么是解释驱动的科学教学及其优势。第一章探讨了让学生参与构建科学解释的重要性，包括与国家标准和政策文件一致性的讨论，并借助学生的书面作品和科学对话样例来说明在课堂构建科学解释是什么样子。第二章介绍了科学解释框架，并讨论如何使用该框架支持全体学生进行科学写作和科学对话。本章提供了不同内容领域和不同年级的多个示例，展示了框架的变式应用，如根据学生的年龄、经验和背景进行框架应用的调整。

接下来的三章描述了应如何设计教学，以为所有学生参与构建科学解释提供机会和适当的支持。第三章聚焦说明构建科学解释驱动的教学设计，强调通过开发连贯的科学内容故事线，促进学生逐步有逻辑地建构科学概念，并为学生提供构建科学解释的机会。此外，本章还讨论了在教学中确定构建科学解释的学习任务时需要考虑的两个基本特征，以及如何修改学习任务使其变得更富有挑战或更简单来满足不同水平学生的需要。第四章描述了让所有学生参与科学对话和写作的不同策略，讨论了对话和写作之间的动态相互作用，以及为促进科学对话的脚手架、为写作提供可视化呈现等多种支持策略。第五章继续阐述如何将构建科学解释融入科学课堂。我们在这章介绍了一个教学流程，以为学生提供构建科学解释的机会，以及各种各样的教学策略，它们是教师与学生合作的宝贵工具。

最后两章集中在学习评价的设计以及为师生逐步提供的支持策略。第六章解释了如何设计和使用评价指导教学。我们在书中描述了制订评价任务和标准的五个步骤，并讨论了如何使用评价数据改进教学，以更好地满足所有学生的需求。最后一章探讨了如何逐步培养小小科学家共同体，以及如何帮助科学教师改进自身的科学教学实践。在培养小小科学家共同体方面，我们给出了有助于促进这一过程的参与规范，如积极倾听、构建对话模式和建设性批判文化。此外，我们还在书中分享了一起合作的一线教师的反馈。这些敬业的教师通过在教学中融入科学解释的方式对科学教学的效果和挑战进行了反思，并就改进教学提出了建议。

致 谢

如果没有我们的合作伙伴——致力于改进科学教学和全体学生学习的老师们，就不可能有这本书。正是他们激励着我们努力做好这个项目。

多年来，不少老师欢迎我们到他们的课堂上一起研究。尽管我们要求用视频记录研究过程，但这一要求也得到了大家的支持。老师们很愿意与同行分享自己的经验。他们与我们一起探讨教学，勇敢尝试新的做法，将我们的研究想法付诸实践并提出有价值的意见和反馈。这些老师是教学改革的真正英雄。尤其要感谢宾夕法尼亚州立大学学区专业学习共同体的老师们。她们认真阅读本书并对书稿的修改提出改进建议，在书中分享了自己在教学中的创新研究。参与研究的老师有：珍妮弗·科迪、杰茜卡·考恩、莉兹卡林、珍妮弗·格鲁伯、基特和朱迪·库尔。宾夕法尼亚州立大学科学教育研究生艾丽西亚·梅迪和马克·梅里特，以及当地校长戴尔德丽·鲍尔和杜南·斯多奇在整个过程中提供了重要的反馈和图书修改支持。我们也要感谢与我们合作的波士顿公立学校的科学部及众多小学教师。他们分享了在构建科学解释方面的成功经验与挑战，以及实施的相关策略。我们还要特别感谢帕姆·佩尔蒂埃对整个学区的支持，以及迪安·马丁和埃里克·罗伯茨的分享——对科学写作的创造性支持。

这本书最初的想法和研究都是源自国家科学基金会资助项目"教作为论证的小学科学"（NSF REC 0237922）和"支持5—8年级学生的书面科学解释"（DRL-0836099）。本书中表达的任何意见、发现、结论或建议都是作者的观点，并不代表国家科学基金会的观点。我们非常感谢国家科学基金会对这项工作的慷慨支持，并提供机会与老师们分享"一种可能改变课堂教学方式"的发现。

我们要感谢花时间阅读书稿并提供珍贵反馈的审稿人：陶森大学的雷泽利·巴雷托·埃斯皮诺、鲁迪小学的多琳·V. 卡尔文、宾夕法尼亚州立大学学区公园森林小学的珍妮弗·林恩·科迪和杜南·M. 斯多奇、朱砂教区学校董事会的安·哈迪、帕斯科县学区董事会成员劳拉·希尔、珀金斯学院的凯特林·胡德、丹佛公立学校的帕特里夏·金凯德和琳达·J. 莫里斯、乔丹学区的保罗·W. 南斯、北克拉卡马斯学区的加里·R. 彼得森、普德雷学区的莉莎·N. 皮托、弗雷德里克县弗吉尼亚公立学校的莎伦·施勒姆、东铁城中央学区劳瑞尔顿-帕迪学校的珍妮·坦塔罗、哥伦比亚公立学校的萨拉·托里斯、西南小学的安妮·C. 怀特。

最后，感谢编辑凯莉·维莱拉·坎顿在整个过程中对我们的支持和指导，回答我们提出的所有的问题。我们还要感谢培生的高级生产项目经理卡伦·梅森，以及元素有限责任公司（Element LLC）的项目经理苏珊·麦克纳利确定这本书的书名。

译者序

　　翻开这本书的时候，相信你一定注意到了一个关键词：科学论证。科学论证是科学家开展科学工作的重要实践形式之一。将科学论证纳入科学教育中，引导学生像科学家那样思考与行动，是当前科学教育工作者要努力实现的一项重要工作。

　　自20世纪80年代末以来，国际科学教育领域就开始了关于科学论证的研究。当前，很多国家把科学论证写入科学教育标准中。例如，美国2013年颁布的《新一代科学教育标准》（*Next Generation Science Standards*，*NGSS*），凸显了基于证据的论证。近几年，我国科学教育界也开始关注科学论证，主要集中在中学阶段。小学科学教学对此关注较少，很多教师并不了解科学论证，也不擅长开展科学论证教学。随着2022年义务教育科学课程标准的颁布，科学思维被列为科学课程要培养的学生核心素养之一，培养学生的推理论证能力受到关注，科学论证也正式进入我国小学科学教师的视野。同时，初、高中理科课程标准也明确提出发展学生科学思维的具体目标。如初中物理学科把科学论证作为学生科学思维培养的目标之一。高中理科以化学学科为例，则提出"证据推理与模型认知素养"目标，要求学生"重视证据意识，建立观点、结论和证据之间的逻辑关系"。但一线教师在具体实践过程中还存在很多困难和疑惑，如科学论证的具体表现是什么？怎样在科学教学中培养学生的科学论证能力？什么样的教学有利于学生科学论证能力的提升？怎样提升教师自身的相关专业素养？

　　《科学论证怎样教？帮助学生构建科学解释》一书将会成为教师开展科学论证教学的有益工具。这本书的三位作者中既有大学科学教育专业的研究者，也有一线科学教师。她们与小学科学教师就如何帮助学生构建科学解释开展了长期合作，形成了丰富的科学论证及科学解释教学研究成果，可供我们参考借鉴，少走研究的弯路。

这本书简化了图尔敏（Toulmin）的论证模型，提出了基于科学论证的解释框架：CER框架。它包含四个论证要素：观点、证据、推理和反证，小学阶段主要关注前三个要素，中学阶段则根据学生能力发展状况适时引入反证，即呈现进阶式科学论证能力的培养过程与策略。从小学到中学，对学生科学论证能力培养的目标是一致的，但是阶段要求有别。低段以口头论证为主，中、高段则重视书面论证。同时，CER框架的多种变式能满足不同学生的学习需求。此外，本书提到的相关教学策略有助于教师指导学生从探究问题开始，经历科学论证的基本过程，构建对问题的科学解释。

本书突出的亮点是，从教学设计、课堂实施的多种策略、教学评价到形成小小科学家共同体、创建科学课堂文化等，始终通过一线教学实践案例，对构建科学解释的框架进行详细的介绍。这些包含过程、方法与多种策略的案例涉及科学课程的不同内容领域，涵盖不同年级，无论是对新手教师还是熟手教师开展教学都能提供足够的支持。

作为本书译者，近年来我们一直在小学科学教学中重视学生思维能力的培养。曾主持了北京市教育科学"十三五"规划课题"在小学科学探究教学中关注学生的科学论证"，研究期间很荣幸遇见这本书，在教学实践中又进一步印证了CER框架及相关教学策略的优势。CER框架能简化探究教学的过程要素，更好地让教师把握探究教学的本质，同时，也让学生在探究学习和科学实践过程中形成清晰的思维逻辑。一起参与研究的课题组老师们对探究教学的理解比过去更深入，也在课堂中看到了学生的"真"探究活动。比如，低年级学生开始尝试控制变量设置对照实验，中、高年级学生的思维也悄悄发生着变化，不仅善于发现问题，而且能从一节课、一个问题生发出更多的问题。学生的证据意识逐渐增强，并且敢于质疑。同时，我们也在该框架的基础上，根据教学实际需求进行了创造性的改进，增加问题（problem）在科学论证过程中的重要价值，即PCER。因此，这本书的引进和出版对国内一线教师开展探究教学、培养学生科学论证能力很有帮助。同时，本书教学设计部分提到的科学内容故事线以及课堂教学中的很多实施策略，对于一般性的科学教学也同样适用。

　　这本书理论阐释清晰，且用丰富的教学案例呈现了开展科学论证的科学课样态。需要说明的是，考虑到教学内容难易度的适切性，我们在翻译时对案例的年级做了调整，将幼儿园案例表述为"一年级案例"，将一年级案例表述为"二年级案例"，以此顺延。因此，本书也可以从幼小衔接的角度进行研读。这些实践案例可读性强，有助于科学教师理解研究者的理念并与自身的课堂教学联系起来。同时，本书也适合科学教育研究人员、高等院校科学教育相关专业的本科生和研究生使用。

　　本书的翻译工作是两个人合作完成的。为了让全书达到一致的中文表达习惯，我们利用周末和节假日的时间研讨交流，共同翻译解读，力图在每一个词句的表达上都能达成一致。也正是在合作的过程中，我们彼此之间互相学习，结下了深厚的友谊！难忘，我们在周末线上的一次次研讨，对书中内容的翻译始终热情满满！难忘，我们因本书列举的教学方法与自己的教学有所联系而无限感慨……无数次，我们憧憬着这本书能带给我国一线科学教师更多的帮助，带给我国学生更多的思维成长与变化！诚然，每一次重新阅读翻译过的文本，依然感觉还需要再次修正，担心是否能满足大家阅读的需求。

　　最后，要特别感谢南京大学陶行知教师教育学院马冠中博士的指导和推荐，让我们开启了边研究实践边翻译的新经历；感谢教育科学出版社殷欢老师的信任；感谢参与本书审读的各位专家老师，让我们继续多角度审视改进，他们分别是：北京师范大学生命科学学院博士生导师刘恩山教授、北京市教育学会小学科学教学研究会理事长彭香老师、南京大学马冠中老师、浙江省宁波市行知实验小学沈晓英副校长、北京市东城区和平里第四小学吴田荣校长。感谢我们的领导、同事以及家人的鼓励和支持！因个人水平有限，疏漏之处难免，还请大家批评指正！

何燕玲　孙慧芳

目 录

第三章　进行解释驱动的科学教学设计

第四章　支持学生开展科学对话和写作

第五章　　将科学解释整合到课堂教学中

第六章　　设计评价任务和标准

第七章　　培养小小科学家共同体

第一章

让学生构建科学
解释的重要性

☑ 为什么要教儿童构建科学解释？

☑ 课堂中的科学解释

☑ 用科学解释连接科学和读写

☑ 构建科学解释对学生的益处

☑ 构建科学解释对教师的益处

☑ 在小学阶段构建科学解释的目标

如何帮助学生理解科学概念？怎样引导学生基于证据构建科学解释（scientific explanations）？让我们通过凯尔老师二年级课堂上的教学片段思考这两个问题吧。

最近，凯尔老师的二年级学生正在学习磁铁相关的内容，探究"有些磁铁的磁性会比其他的磁铁更强吗？"这个问题。老师对学生进行前概念测查时发现，许多学生认为体积大的磁铁比体积小的磁铁磁性更强。学生参与设计了三种不同的实验检测大小和形状不同的磁铁的磁性强弱。在实验中，凯尔老师故意放了一个很小但磁性很强的条形磁铁。实验测试包括：探究每块磁铁可以吸起的回形针的最大数量，吸在一起形成链状的回形针最大数量，以及能吸引回形针移动的最远距离。学生完成实验并做好观察记录后，围成一圈展开科学讨论，交流结果。

凯尔老师	大家的实验结果是什么？能不能确定有些磁铁的磁性比其他的磁铁更强？
萨姆	条形磁铁磁性最强。
凯尔老师	你对这样的结果感到意外吗？
萨姆	是的，因为它是最小的一个。
凯尔老师	萨姆，你是怎么知道条形磁铁磁性最强的？
萨姆	条形磁铁能吸起8个回形针形成的链条，马蹄形磁铁只吸起了4个回形针，而棒形磁铁吸起了6个回形针。
凯尔老师	其他人注意到同样的现象了吗？
劳伦	注意到了，我们组也是条形磁铁吸起的回形针最多。
乔	我们组观察到的结果是不一样的。
凯尔老师	你们发现了什么？

乔	我们发现条形磁铁、棒形磁铁都能吸起8个回形针形成的链条。
凯尔老师	那马蹄形磁铁呢？
乔	它只吸起了4个回形针，所以磁性没那么强。
凯尔老师	直接吸起的回形针数量呢？条形磁铁也是最强的吗？
奥利维娅	是的，黑色条形磁铁直接吸起的回形针数量最多，然后是棒形磁铁、马蹄形磁铁。
凯尔老师	其他小组同意奥利维娅的结果吗？
几个学生	同意！
凯尔老师	关于磁铁的磁性，你的看法是？
奥利维娅	条形磁铁磁性最强。

上述教学活动强调了"做科学"在小学科学课堂中的重要意义。学生在"有些磁铁的磁性会比其他的磁铁更强吗？"这一问题的引导下学习磁铁相关内容。教师有意识地创设情境来挑战学生"大磁铁比小磁铁磁性更强"的前概念（引发认知冲突）。学生设计实验并进行测试，比较三种磁铁的磁性。他们把观察到的实验数据结果记录在科学记录本上（见表1–1），并在小组内分享、讨论这些观察结果。那么，让学生构建科学解释意味着什么呢？让我们继续这段教学场景，并思考如何将课堂讨论的目的和本质从汇报实验结果转变为让学生构建基于证据的观点。

> 请你跟随本书一起思考：如何将课堂讨论的目的和本质从汇报实验结果转变为让学生构建基于证据的观点？

凯尔老师	让我们回到最初的问题：有些磁铁的磁性会比其他的磁铁更强吗？你怎么回答？
内特	会。
凯尔老师	内特，能不能用一句话来表达你的观点？
内特	有些磁铁的磁性比其他的磁铁更强。

　　凯尔老师把这句话写在一张表上，表头写着问题：有些磁铁的磁性比其他的磁铁更强吗？在"观点"（claim）这个词旁边，她写道："我们发现有些磁铁的磁性比其他的磁铁更强。"

表1-1　磁铁磁性强度数据

磁铁类型	1 直接吸起的回形针的最大数量	2 吸起的链状回形针中回形针的最大数量	3 能吸引回形针移动的最远距离
马蹄形磁铁	25	4	3 cm
条形磁铁	125	8	8 cm
棒形磁铁	75	6	6 cm

凯尔老师　内特，你的证据是什么？

内特　黑色的磁铁可以直接吸起更多的回形针。

凯尔老师　大家看看自己的数据表，能给出一些数据来支持内特的观点吗？

艾莉森　可以，黑色条形磁铁直接吸起了125个回形针，棒形磁铁吸起了75个回形针，马蹄形磁铁只吸起了25个回形针。

凯尔老师　这些数据与我们的观点有怎样的关系呢？

艾莉森　这说明条形磁铁磁性很强，而马蹄形磁铁的磁性没那么强。

凯尔老师　这表明什么呢？

艾莉森　这表明有些磁铁磁性更强，如条形磁铁。

凯尔老师　这能作为我们观点的证据吗？

大部分同学　　能！

凯尔老师在表上写道："我们的证据是，条形磁铁直接吸起了125个回形针，而马蹄形磁铁只吸起了25个回形针，所以条形磁铁比马蹄形磁铁磁性更强。"

凯尔老师	在其他方面大家也找到同样的证据了吗？
劳伦	是的，我们发现黑色条形磁铁比其他磁铁吸起的链状回形针中回形针数量更多。
乔	除了棒形磁铁，我们组的结果也是一样的。
凯尔老师	你说得对，乔。从你们组的数据来看，我们还能说条形磁铁比马蹄形磁铁磁性更强吗？
乔	能，我猜——条形磁铁的确比马蹄形磁铁吸起的链状回形针中回形针数量更多。
劳伦	我们应该把它记录下来。
艾莉森	那就有更多证据了。
凯尔老师	我要加上这一点作为更进一步的证据。这个条形磁铁能吸起多少个链状的回形针？
劳伦	8个，而马蹄形磁铁只能吸起4个。

凯尔老师在表中加上："我们还发现，条形磁铁能吸起8个链状的回形针，而马蹄形磁铁只能吸起4个。"

凯尔老师	所以我们可以写出一个观点来回答我们的问题，并且用实验得到的证据来支持我们的观点。谁愿意把我们写下来的观点读给全班同学听？

教学片段的第二部分说明，虽然分享结果是科学教学的一个重要方面，但是更要超越结果，从中构建基于证据的解释。具体来看这个教学片段，在学生分享实验

结果之后，教师引导他们通过回到最初关于磁铁磁性强弱的问题来提出观点。学生提出观点——有些磁铁的磁性比其他的磁铁更强——并据此分析他们的观察结果，这样，学生就能使用多种证据来支持这个观点。怎样将这些科学实践结合起来并与你的学生开展讨论？本书将和你一起探讨这个问题，并且提供基于研究的教学策略，让小学生参与构建、交流和批判科学解释。在第一章，我们会给出教学生构建科学解释的理由，分享他们进行书面解释的样例，探讨把科学与读写有意结合起来的重要性，以及构建科学解释对教师和学生的益处，同时呈现不同年级学生在构建科学解释方面的预期表现。

为什么要教儿童构建科学解释？

从根本上说，科学就是研究和解释世界的运行规律。科学家们并不使用单一的"科学方法"，但他们确实会提出一些问题，从问题开始展开对自然界的研究。同时，科学家依据标准确定收集什么样的数据以及如何减少人为因素造成的误差，并依靠基于数据的证据构建科学解释和对解释做出批判。同样，儿童天生对自然界充满好奇，他们积极探索、认真观察，也提出了一些重要的问题，比如：为什么有些昆虫能与它们的环境融为一体，而有些昆虫却用鲜艳的颜色引起人们的注意？过去，人们一直低估了儿童参与科学实践和推理的能力，限制了他们在小学课堂中的科学学习机会。"从缺乏材料、缺乏高质量的课程，到过分强调有趣的、动手操作的活动，它们更多地关注动手做，而不是建构科学概念"，这样的问题在教学中很普遍。关于儿童发展的研究表明，无论社会经济水平如何，儿童在进入学校学习时，就已经具有了丰富的自然知识以及进行复杂推理和科学思考的能力（Duschl，Schweingruber，Shouse，2007）。那么，为什么要注重强调构建科学解释呢？

让儿童参与构建科学解释有许多重要的理由。首先，让儿童在参与真实的科学实践和讨论中构建和批判基于证据的解释，有助于培养他们解决问题、推理以及沟通交流的能力。这些能力与21世纪技能是相一致的，是当前和未来职业生涯所必备的技能（Krajcik，Sutherland，2009；National Academies，2009）。其次，构建科学解释也有助于学生开展有意义的概念学习并理解科学本质，而这两个因素对于学生科学素养的形成以及在公共事务中做出基于证据的决策很重要。正如前文的教学片段中所呈现的，科学探究不仅要求学生收集数据和分享结果，还要求学生通过对话和写作参与科学表达，在观点和证据之间建立联系，解释现象，理解科学概念。意义建构的过程对于科学学习非常重要，而构建科学解释有助于这一过程的发生。

正如前面提到的，美国小学科学教学的主要方法已经变成了动手活动，这会在一定程度上使教师忽略科学概念和意义建构的重要性。有很多证据支持这一观点，最具有说服力的可能是国际数学与科学趋势研究项目（TIMSS）的视频研究。这项关于八年级科学教学的国际比较研究显示：虽然美国的课堂包含很多学生活动，但这些课很少甚至没有强调活动背后的科学概念。更具体地说，44%的美国科学课在概念和活动之间缺乏联系，27%的美国科学课根本没有涉及科学概念（Roth et al., 2006）。如果教师在教学中能关注科学内容的连贯性，学生的科学学习会有显著成效。连贯的科学内容故事线聚焦一节课或一个单元中的科学概念怎样有序编排，及其与其他内容如何建立关联。这样的故事线在课堂活动中能够帮助学生生成一个对他们有意义的"故事"（Roth et al., 2011）。我们与小学各年级科学教师的合作表明：强调构建科学解释和注重发展连贯的内容故事线，能够共同促进学生的科学学习（Roth et al., 2009；Zembal-Saul, 2009）。在本书后面的章节中，我们会看到这些思想是如何指导教师开展科学教学设计的。

最后，美国国家研究委员会（National Research Council）发布的报告《把科学带到学校》，以及给实践者的配套文件《准备，出发，科学！》，综合了当前科学教育和教育心理学等领域的研究，都充分说明科学在小学课堂中的重要性。文件针对科学能力提出了四个相互关联的标准，并给出了相应解释（pp.18–21）。

- **标准1：理解科学解释**（Understanding Scientific Explanations）

知道并能够解释自然界是如何运行的，且能应用这一知识。这一标准要求学生理解科学概念，并能将其应用到新情境中，而不是死记硬背。

- **标准2：生成科学证据**（Generating Scientific Evidence）

为了最终实现"建立和完善科学模型、科学论证与科学解释"的目标，需要具备"设计公平实验，收集、整理和分析数据[1]，以及解释与评价证据"的知识和能力。

• **标准3：反思科学知识（Reflecting on Scientific Knowledge）**

反思科学知识是指理解在科学共同体、课堂中科学知识、观点是如何建构的。这一标准是指学生能认识到科学知识是一种特殊的知识——用证据解释自然现象。随着时间的推移和新证据的出现，他们还能监控自己思维的发展[2]。

• **标准4：有效地参与科学活动（Participating Productively in Science）**

该标准强调学生要遵守课堂学习规范。例如，学生应该理解证据在科学论证中的作用。这样做是为了让学生像科学家一样彼此分享观点，从证据中建构、批判解释。

对证据和解释的强调不仅在上述科学能力标准中得到体现，而且也符合K—12科学教育的框架（NRC，2011）以及美国国家科学教育标准和改革文件（AAAS，2009，1993，1990；NRC，2000，1996）的要求。科学实践[3]是《K—12科学教育框架：实践、跨学科概念和学科核心概念》的三个基本维度之一，包括建构基于证据的解释和参与科学论证（NRC，2011）。美国《国家科学教育标准》（NRC，1996）明确了探究在科学学习中的核心地位，强调学生应该"将科学知识与科学推理和思维技能结合起来"，从而积极发展自己对科学的理解（p.2）。标准还明确指出了科学探究的必要能力的具体内容：K—4年级[4]学生应该"使用数据构建一个合理的解释"，"交流探究结果和解释"。此外，K—4年级学生应该"批判性地、有逻辑地思考证据和解释之间的关系"，并"识别和分析其他的解释"。《科学素养的基准》（AAAS，2009）也同样关注了解释和基于证据的观点这一内容。

---

① 相当于我国义务教育科学课程标准中探究实践部分提出的"制订计划并搜集证据，分析证据并得出结论"内容。——译者注

② 这一部分与我国2022年版义务教育科学课程标准中探究实践目标中提到的自主学习能力要求接近。——译者注

③ 科学实践有八项，包括提出和定义问题，开发和使用模型，计划和开展研究，分析和解读数据，使用数学和计算思维，建构解释和设计解决方案，参与基于证据的论证，获取、评价和交流信息。——译者注

④ 1996年的美国《国家科学教育标准》按照K—4年级、5—8年级、9—12年级进行学段划分。——译者注

作为美国《国家科学教育标准》的配套文件,《探究与国家科学教育标准》(*Inquiry and the National Science Education Standards*)将探究作为内容标准进行了详细阐述,并描述了在课堂上开展探究的五个基本特征。这些特征因学习者的自主程度和教师的指导而异,包括:(1)进入科学问题情境中;(2)回答问题时优先考虑证据;(3)基于证据做出解释;(4)将科学解释与科学知识建立联系;(5)对解释进行交流并使之合理(NRC,2000)。本书中提到的让学生参与构建科学解释的方法涉及上述科学能力的四个标准和课堂探究的五个基本特征,并通过课堂教学案例进行说明。

课堂中的科学解释

我们对帮助学生构建科学解释这一兴趣源于研究和一线教师的专业发展需求。这些教师参与了和中小学、大学的合作,同时大学里教育专业的学生也会到他们的课堂中实习。本书两位作者卡拉和赫什伯格的研究始于小学科学,项目名称为"教作为论证的小学科学"(*TESSA:Teaching Elementary School Science as Argument*)(Zembal-Saul,2009,2007,2005)。该项目的目标是支持教师通过搭建脚手架,帮助学生在完成讨论和写作任务的过程中,构建基于证据的科学论证。TESSA项目中"论证"一词的使用基于对图尔敏论证模式的改进(Toulmin,1958),目的是强调在讨论和学习科学知识时使用观点、证据和推理(论证的基本结构)。在TESSA项目中,中小学教师和高校研究者共同努力,提出了许多教学策略,这些策略在书中均有提及。本书的另一位作者麦克尼尔和她的同事约瑟夫·科拉切克(Joseph Krajcik),在十多年前就与中学教师合作过一个类似的研究项目(McNeill,Krajcik,2012)。这些年,麦克尼尔开始与小学教师合作,研究如何通过写作和讨论支持低年级学生构建科学解释(McNeill,Martin,2011)。

这两个项目的研究都与本书所使用的科学解释框架相似。下面我们通过一些例子来说明科学解释。这个例子来自本书作者赫什伯格的四年级科学课堂,学生正在探究简单机械。在6周多的课程里,他们测试了杠杆、斜面和滑轮,得出了施加的力的大小与重物移动距离之间的关系。在之前的科学学习中，学生已经使用过运用证据支持观点的方法。

在第一个写作样例（图1-1）中，学生卡伦画了一个图。图中，她是班上最小的孩子之一，却能通过杠杆把老师举起来。她在图的下方写出观点，回应全班正在探究的问题：如果我们把支点放在更靠近重物（老师）的地方，就能用杠杆把老师举起来。卡伦记录了她的观察结果，以此作为证据支持自己的观点。

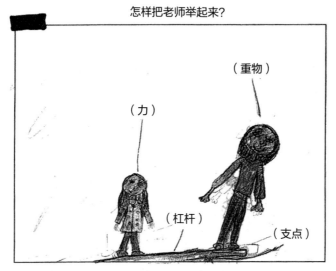

怎样把老师举起来？

从举起重物的活动中，解释你知道了什么。（用实验中获得的证据支持你的观点。）

　　如果把支点离重物（老师）更近一点，我们就能用杠杆把老师举起来。当我们使用木板（杠杆）时，把砖（支点）靠近老师（重物），学生（力）可以轻松地举起老师。

图1-1　学生对"怎样用杠杆举起老师"的解释

第二个写作样例（图1-2），来自卡伦几周后对"简单机械"单元的学习。针对斜面的探究，教师设计了一个科学记录单，其中包含问题、记录观察结果的数据表，以及用来填写解释的空白。教师鼓励学生在空白处写出观点、证据和科学原理。我们在图1-2中可以看到，卡伦标出了解释的核心部分。通过卡伦的观点可以很明显地看出，她理解了"减少举起重物的力与增加重物在斜面上移动的距离"之间的关系。

怎样利用斜面帮助我们工作?

我们把重物提多高?	重物的质量是多少? 直接提起重物,需要多大的力?
19 cm	500 g　　　　　　　5 N

在木板上移动的距离	测试 1	测试 2	测试 3	测试 4	平均数
91 cm	200 g 2 N	200 g 2 N	200 g 2 N	200.5 g 2.5 N	200 g 2 N
46 cm	300 g 3 N	300 g 3 N	300 g 3 N	300 g 3 N	300 g 3 N

解释（观点、证据和科学原理）:
在提起重物时,斜面帮助我们省力,但费距离。
观点:当我们使用斜面（平面）时,距离越远,提起重物所需要的力就越小。
证据:我们的数据显示,直接提起重物需要用 5 N 的力,而使用斜面时只需要用
　　　3 N 的力。

图1-2　学生对斜面的解释

卡伦在记录单上写道:"当我们使用斜面（平面）时,距离越远,提起重物所需要的力就越小。"在高度相同的情况下,她将直接提起重物所需的力（5 N）与使用斜面提起重物所需的力（3 N）进行比较。但是,她的解释中并未包括直接提起重物的距离（19 cm）和使用斜面提起重物的距离（91 cm和46 cm）。她在另一张观点卡上写道:"斜面帮助我们克服重力,用更少的力将重物移动一段距离",尝试将观点与证据建立联系。虽然卡伦的理由并不充分,但她还是提到了克服重力,这是这节课要学习的科学原理之一。

如果我们告诉你卡伦是在写作方面水平非常弱的一名学生,你会感到惊讶吗?我们选择她的作品是因为:在科学教学中,如果教师强调科学讨论和写作的规范,学生就会在书面解释方面获得不同程度的进步。当教师持续提供教学脚手架时,短时间内就可以看到学生的进步。例如,在全班讨论了科学解释的组成部分之后,赫什伯格老师制作了一张图表并挂在教室里,作为学生进行科学讨论和书面解释时的参考。为了强调学生将要通过研究来回答的问题,赫什伯格老师还把这些问题贴在教室里,写在科学记录单上。这些策略对于支持所有学生构建科学解释至关重要,特别是低年级学生、具有不同语言背景的学生以及有特殊需求的学生。

在本书中，我们始终重视给各位读者提供帮助不同类型的学生成功构建科学解释的策略。其中的许多策略不仅对母语非英语等特殊学生群体有效，对全体学生也都有效（Olson et al.，2009）。由于词语的特殊含义（如物质、性质、适应等）和科学语言的独特特征（如证据的作用），即便是母语是英语的学生，在学校的科学课上应用科学术语对他们来说也颇具挑战（Gagnon，Abell，2009）。因此，我们把对适合不同学习者策略的讨论贯穿全书，使它们可以成为所有学生的有益学习工具。

用科学解释连接科学和读写

自《不让一个孩子掉队》法案（No Child Left Behind）颁布以来，人们越来越重视发展所有儿童的读写能力，包括阅读、写作、口语、听力。在这样的政策背景下，科学并不是小学教育的核心课程。而且，为了达成读写教学的要求，科学课常常被取消。然而，很多教育工作者认为，有意地把科学和读写联系起来可以促进两者的学习（Hand，2008；Hand，Keys，1999）。对于这点，可能你在教学中也有所体会，基于探究的科学学习能够为读写活动提供有意义的情境，从而激发学生运用语言开展研讨，并从中发现一些自然规律。已有研究表明：探究式教学能成功地支持母语非英语的学生学习科学和语言，特别是当探究活动关注学生的文化和语言背景时效果更显著（Lee，2005）。本书中，我们认为读写能力的发展并不局限于阅读科学方面的书籍；相反，重点是引导学生积极地进行科学讨论、写作和倾听，这有助于学生开展研讨以及分析基于证据的观点。

无论学生进行口头解释还是书面解释，语言在科学的学习中都发挥着重要作用。在"做出科学解释、进行交流和评判"的过程中，他们将自己的思考公之于众（Bell，Linn，2000；Michaels et al.，2008；Zembal-Saul，2009）。研讨交流时，学生需要先把自己想要表达的观点进行加工梳理。一旦观点公开，他们就可以比较自己的理解与他人的是否一致，然后提出明确的问题。除了根据他人的观点来衡量自己的观点外，让思考变得可见也有助于建立课堂上科学讨论和写作的规范。例如，如果教师不断地提示学生用证据支持观点，学生就会逐步认识到用证据支持观点的必要性，并在没有教师提示的情况下主动使用证据，也会开始要求同伴提供证据支持观点。经过一段时间这样的学习，当公开讨论科学意义时，教师就能掌握学生个人和小组的理解程度。换句话说，从证据中构建解释为教师提供了"学生理解了什么以及学生是如何推理"的重要评价信息。在本书第四章，我们提出了创建鼓励学生从证据中构建解释的课堂参与规范，并且将研讨交流作为教师监控和评价学生思维与学习情况的工具。

> 从证据中构建解释为教师提供了"学生理解了什么以及学生是如何推理"的重要评价信息。

　　在我们进行研究的科学课堂中，口头解释和书面解释是相辅相成的活动。例如，先让学生讨论他们的想法（如进行预测），再把观察结果写在记录单上，这些结果将作为支持学生科学观点的证据。或者，先让学生尝试在证据中发现规律，写下最初的观点，进而通过研讨交流共同从证据中得出观点。为了监控学习者的思维随时间推移的发展情况，同时，支持学生进行连贯的内容故事线学习，我们开发了口头解释和书面解释的脚手架，以及在整个学习单元中构建科学解释的策略。本书的第四章和第五章会分别讨论这些方法。

　　使用科学记录单是把发展学生的读写能力与基于探究的科学教学联系起来的一种方法。科学笔记和科学写作有许多现成的框架，其中几个特别有用（Fulton, Campbell, 2003；Norton-Meier et al., 2008）。本书也会在后续章节中描述科学记录单的使用方法，并展示它们在鼓励学生进行科学解释方面的重要作用。

构建科学解释对学生的益处

　　正如前面所讨论的，让学生构建科学解释有很多重要的理由。通过构建科学解释以提高学生的科学素养，这与当代小学科学教育的思想是一致的，并且，构建科学解释对学生和教师都有好处（McNeill, 2009；McNeill, Krajcik, 2008a；McNeill et al., 2006）。我们认为，让学生参与构建科学解释有助于他们理解科学概念、参与科学实践、用证据进行有说服力的交流以及学习科学本质。

理解科学概念

在构建基于证据的口头和书面解释时，学生用他们研究收集的数据、观察结果以及科学概念回答关于物质世界的问题。这一过程可以视为理解科学概念并以灵活的方式将其应用于新情境中。这与当前对科学能力的观点一致，特别是"科学能力的四个标准"强调的"知道和使用科学解释"（Duschl et al.，2007；Michaels et al.，2008）。发现数据的规律并寻找观点和证据之间的一致性是一项很有难度的思维任务，需要学生进行科学推理。这样的科学推理能引发学生对科学概念更深层次的理解，并通过单元内容故事线建立内容之间的联系。例如，前文提到的四年级课堂上学生做过的杠杆实验，在提起重物时，学生建立了减小作用力和增大移动距离之间的关系。在后面学习简单机械，如斜面和滑轮时，他们能将新情境与杠杆的学习联系起来。学生不仅能识别出这种关系，还能发现其中的规律在学习其他机械时也成立。这表明他们对其中的关系形成了有意义的理解，并能将理解应用到新的情境中。

参与科学实践

构建基于证据的解释并进行交流的能力，依赖于所有基本的科学实践：设计、实施公平的实验，收集、整理、分析、合理地呈现数据等（Michaels et al.，2008）。这种问题解决方式对21世纪的学习至关重要。"基于要解决的问题，怎样以最好的方式收集数据"，学生会从这种有逻辑的推理中受益良多。例如，当一年级学生意识到在研究种子时需要改变一个变量（如在干、湿的土壤中对比种植青豆），并保持其他条件尽可能相同（如土壤的量、教室里摆放的位置等），最终观察一个关键结果（如青豆的生长情况），他们已经有了设计公平实验的基础。然而，正如本章开篇的教学片段所呈现的那样，科学实践环节必须有助于实现"基于数据对研究问题进行科学解释"的最终目标。遗憾的是，小学的科学课经常以学生分享他们的观察结果而告终，课堂没有进行下一步——构建基于证据的解释，这限制了学生参与最基本的科学实践的机会。

用证据进行有说服力的交流

科学回答的是关于自然界运行方式的问题，并将证据在支持科学观点中的作用放在重要的位置。当学生提出观点并用证据支持观点进行交流时，遵守科学规范和使用科学用语（即科学能力标准4）能让他们有效参与其中并受益（Michaels et al., 2008）。此外，学生也会受益于这种基于实证的具有说服力的写作形式。以这种方式进行交流也是21世纪学习的核心，同时还可以拓展到其他学科以及学生的日常生活中。其他领域，在做出决策、进行有说服力的交流时，证据也是非常重要的，如决定购买哪种产品，或对可能影响当地水道的提议进行投票等。在现实世界中，个人需要对证据持批判的态度，评估它是否合适，是否足以支持特定的观点。当学校的科学学习强调证据，学生不仅能从构建解释中受益，而且从评价"同伴怎样证明观点、使用证据"中也能得到发展。建设性地批判他人的解释需要积极的倾听和清晰的交流。当学生对证据做出解释时，教师通过询问学生是否认同彼此的观点，来为这种批判性的思考和研讨搭建有效的脚手架。正如前面"让思维可见"中所讨论的那样，参与这种研讨需要学生反思、梳理并清晰地表达自己的思维过程，这也是科学能力标准3的内容（Michaels et al., 2008）。

学习科学本质

最后，通过构建科学解释，学生不仅能学习科学概念，还有助于学习科学本质和科学知识观。科学是一项社会事业，需要众多科学家的共同努力。他们通过会议发言或在期刊、书籍等出版物上发表观点，进行研讨、辩论。对科学家来说，证据在决定支持、修正或反对某些观点方面起着关键作用。因为解释是建立在证据的基础上的，其他科学家可以对其进行检验，因而这些解释可能会发生变化。在学校的课程中，科学常常被视作一个静态的事实体系，这并不能体现科学的本质——知识是由科学家在团队工作中创造的，并随着新的工具、观察结果、探索发现而变化。把科学描绘成一长串需要学习的已知事实，不仅曲解了科学，而且会使学生对科学失去

> 在学校的课程中，科学常常被视作一个静态的事实体系，这并不能体现科学的本质。

兴趣。基于上述原因，科学能力标准3中的反思科学知识（Michaels et al., 2008），就特别强调了科学本质，要让学生认识到他们的解释是如何根据新的证据而变化的，就像科学家修正他们的解释一样。

本书的目的是将学生参与构建科学解释的益处与科学能力标准联系起来，以说明这种科学教学方法如何有效嵌入标准中。当强调证据和解释时，学生会思考证据在科学中的重要作用，发展对科学概念的有意义理解，认识到科学作为一种社会性成果会随着新证据的出现而改变已有的解释，进而积极参与到课堂科学共同体中。

构建科学解释对教师的益处

构建科学解释不仅对学生很重要，而且对于让教师从科学知识教学中走出来也很有帮助。对小学科学初任教师的研究发现，当他们采取一种以证据和解释为主的科学教学方式时，会有几个好处（Avraamidou, Zembal-Saul, 2005；Zembal-Saul, 2009）。首先，当他们开始关注科学解释时，也会更加关注科学内容。这一研究发现并不令人感到意外，本书认为学生构建的科学解释要包含重要的科学概念。如果教师有意帮助学生从证据中构建解释，这就要求教师对解释以及产生必要证据支持该解释的研究有深入的理解。由于许多小学教师是按照全科教师培养的，所以他们在进行教学设计时拥有可靠的学科资源很重要。本书第三章会提出一个教学设计流程，帮助一线教师重新理解科学概念、相关的研究和学生的想法，以这种流程有效开展教学。

其次，注重科学解释的教师能够以不同的方式思考课堂研讨交流及其在学习中的作用（Zembal-Saul, 2009, 2007, 2005）。这些教师不仅认识到研讨交流对理解科学概念的重要意义，而且开始思考分歧的潜在价值。起初，与我们一起工作的很多一线教师回避关于观点或证据的"论证"。然而，也有一些教师注意到，学习的突破性进展往往发生在学生的意见不一致的时候。例如，常见的分歧源于不同小组的实验思考角度不同。教师让各小组展示自己的数据收集方法，相互提问，结果常常会促使他们进一步完善实验，或对证据达成一致。对所有教师来说，组织学生进行协商性的研讨交流可能是最具挑战的教学实践之一。本书第四章提供了课堂研讨的脚手架，第五章分享了一些有效的教学策略。

最后，重视证据和解释的教师，开始思考它们在小组合作中的不同作用。当学生以小组形式进行研究时，教师通常会巡视每个小组并询问学生实际情况，帮助他们推进研究过程。与我们共同参与项目研究的教师在给予学生多种支持的过程中，也开始倾听和记录研究中需要进一步检验的问题，询问学生的数据、学生从数据中发现的规律以及对问题的解释。这些支持和问题与重视证据和解释是一致的，与教师日益关注学生在科学解释方面的发展也是一致的。第四章将为教师提供一些问题提示，促进学生进行小组合作学习。此外，我们还将分享一些整理和呈现数据的策略，以帮助学生发现数据中的相关规律，这是形成科学观点的基础。

在小学阶段构建科学解释的目标

当教师致力于让学生参与构建科学解释时，要记住这一点：小学生是优秀的思考者，并且乐于从观察结果中提出观点，能够恰当地用证据语言进行交流。尽管他们年龄不大，但已经准备好参与更复杂的实践，比如应用科学原理、提出或评判不同的解释。早在一年级，学生在交流观察结果时就开始使用"证据"这一术语。例如，在"种子和植物"的一系列课程中，一年级的孩子们注意到种子萌发需要水。他们观察了放在塑料袋中的湿毛巾里的种子的变化和放在一杯湿土里的种子的变化，还观察到干旱的土壤中种子没有变化或生长。这一系列的观察结果帮助学生构建了对"水在种子萌发中的作用"的解释。同样，在本章开头的教学片段里，二年级学生用他们对"不同种类磁铁的观察"和"这些磁铁能吸引回形针的数量"作为磁铁磁性强弱观点的证据。问题、观点、证据之间的联系是最基本的科学解释形式，适用于所有年级。

当学生在四到六年级学习更多的实质性的科学内容时，要让他们使用科学原理证明观点和证据之间的联系，并思考不同的解释。例如，在五年级一节有关"适应"主题的科学课上，学生注意到，尽管发出嘶嘶声的蟑螂有着共同的身体特征，但他们仍然能够识别出群体中的蟑螂个体。全班学生构建的观点是：我们组的蟑螂很相似，但并不完全一样。后来，当学生学习"种群中存在性状变异"这一科学概念时，他们能够根据相关证据，用这一概念证明自己的观点。对高年级学生而言，依据观点和证据之间的关系做出解释、识别和评判不同的科学解释更为常见。然而，这方面的科学解释非常复杂，在学生的书面解释和口头解释中并不常见。

在所有年级，使用科学记录本记录一段时间内的实验测试、观察结果/数据和思考是一种有效的方式。在以构建解释为目的的科学研讨中，尤其是在为观点提供证据时，鼓励学生随身携带科学记录本，并在讨论的时候查看。即使是一年级的孩子，也可以用图画和简单的短语来记录他们的观察结果。本书中会展示小学生做的科学记录实例。

如前所述，我们认为口头解释和书面解释是相互补充的活动。从跨年级的科学解释研究中明显看出，尤其在低年级，通过科学研讨从证据中共同构建观点是学习的重要脚手架。应该使学生明确参与科学研讨的规范，并尽可能强化此规范。通过在科学研讨过程中积极倾听，学生能理解"什么可以作为证据，如何利用证据发展和支持科学观点"。我们经常要求低年级学生记录他们的观察结果，并在科学研讨时使用，但很少要求学生在研讨他们的观察结果和发现数据的初步规律之前写出科学解释，这些数据中的规律是他们形成观点的基础。当学生对形成科学解释越来越熟练，也对写作越来越熟练的时候，这会激发他们更认真地写出科学解释。口头解释和书面科学解释之间是动态影响的，整本书对这方面都有论述。

本章关键要点

　　本章旨在说明在小学阶段强调构建科学解释的潜在价值。通过学生进行口头解释和书面解释的实例，说明怎样构建科学解释能帮助所有学生学习科学概念、参与科学研讨。作者在这一章论述了科学解释如何与国家科学教育标准和科学教育改革文件的要求相一致。更重要的是，作者说明了参与这一重要实践有助于学生意义建构和读写能力的发展，包括不同文化和语言背景及有特殊需要的学生。此外，本章还给出了在不同年级开展科学解释学生将达到的预期水平。我们希望教师对科学解释框架以及如何在课堂上使用这一框架产生兴趣。接下来的章节将详细描述科学解释框架，提供跨年级和跨内容领域科学解释的例子；分享生成证据、支持学生口头解释和书面解释的策略；提出教学设计和评价学生学习的方法。总之，本书旨在帮助教师让所有学生有效参与到构建科学解释的复杂实践中。

阅读反思与实践

1. 讨论两种科学课的异同：一种是只"动手做"，另一种是让学生参与构建科学解释。

2. 相信阅读这本书并与学生尝试一些方法后，你会对教学中注重科学解释更感兴趣。怎样向校长证明自己的做法是正确的？试着说服一个同事与你一起尝试。

3. 有人提出：创设积极有意义的环境，将读写活动与基于探究的科学教学联系起来，能提升学习的效果。请你描述至少一种让学生建立这种联系的方法。

4. 在学习第二章"科学解释框架"之前，你对强调科学解释的教学有什么疑问？怎样让学生参与构建科学解释以促进学生开展有意义的学习？如何评价学生的科学解释呢？你还有哪些其他的问题吗？

科学解释框架

- ☑ 科学解释框架
- ☑ 案例：怎样向学生介绍科学解释（CER）框架？
- ☑ 科学解释在各内容领域的应用案例

  - ☑ 逐步增加解释框架的复杂度
  - ☑ 科学解释框架对所有学生的益处

怎样在教学中帮助学生发展科学解释的能力？在科学讨论和写作中，科学解释是什么样的？让我们跟随马库斯老师的三年级课堂教学片段思考一下吧。

马库斯老师正准备开始"光"单元的教学，她请全班学生找一找教室里的影子。同学们惊讶地发现，房间里能找到影子。更惊讶的是，拉上窗帘后房间里的灯仍然会使物体产生影子。他们想知道：其他光源也会制造影子吗？在老师的帮助下，同学们搭起了灯台，看看能否用各种光源制造影子。这些光源包括一盏黑光灯①、一个手电筒、一支蜡烛、一盏台灯和一台电视机。在研究了不同光源下物体的影子后，全班同学围在一起进行研讨。

马库斯老师　围着灯台，你们观察到了什么？

保罗　　　　所有的光都形成了影子！

马库斯老师　你惊讶吗？

保罗　　　　是啊，我真没想到蜡烛也会产生影子。

马库斯老师　观察烛台的影子，你发现了什么？

杰米　　　　蜡烛产生的影子是最清晰的。

马库斯老师　其他人同意吗？

莉莎　　　　同意，不过它们的影子都很清晰。

马库斯老师（指着板贴）：我们的问题是，任何一种光源都能产生影子吗？怎么回答这个问题呢？

---

① 黑光灯是一种特制的气体放电灯，它发出330—400 nm的紫外光波，这是人类不敏感的光，所以把这种灯叫作黑光灯。——译者注

亚历克斯	任何一种光源都会产生影子。
马库斯老师	我们能通过探究得出这个观点吗？
马克	不能吧，因为我们无法测试所有的光源。
亚历克斯	但是，如果测试了所有的光源，我认为都能产生影子。
马克	你可能是对的，但是我们没有全部测试，我觉得应该说，不同光源的光会产生影子。
马库斯老师	那么，是不是应该把观点记录在KLEW[①]图表上呢？

（大多数同学表示赞同。）

马库斯老师	我们的证据是什么呢？
莉莎	我们测试了不同种类的光，它们都能产生影子。
马克	我觉得应该说"我们测试过的光"。
马库斯老师	你想怎么写？
马克	我们测试了黑光灯、手电筒、台灯、蜡烛和电视，它们都产生了影子。
杰米	在白纸上产生了影子。

马库斯老师（写道）：不同类型的光源都能产生影子。证据是，我们测试了黑光灯、手电筒、蜡烛、台灯和电视，发现它们都在白纸上产生了影子。

玛丽亚	应该加上一句，因为光沿直线传播。
马库斯老师	怎么知道的？
莉莎	我们用红色果冻和激光进行了测试，看到光是沿直线传播的。

---

① KLEW是对阅读理解策略KWL的一种修正，后文会有详细介绍。这个缩写代表了：学生知道的科学问题或主题（K—Know）；学生正在学习的内容，表述为观点（L—Learning）；用于支持每个观点的证据（E—Evidence）；产生的新问题或新困惑（W—Wonderings）。KLEW图表是支持学生进行科学解释的重要脚手架。

马库斯老师	这个为什么重要呢？
玛丽亚	因为这就是影子形成的原因。
马库斯老师	你能多解释一下吗？
玛丽亚	光沿直线传播，直到物体挡住它，就形成了影子。
马库斯老师	这是我们的科学推理。我写的是："因为光沿直线传播，直到被物体阻挡，我们就看到了影子。"可以吗？
玛丽亚	对，很好。

在上面的教学片段中，三年级学生正在就"任何一种光源都能产生影子吗？"这个问题的解释进行讨论。对于"哪些光源会产生影子？"的问题，他们用研究获得的证据来支持自己的观点。马库斯老师用提问及其他策略帮助学生参与这一有难度的科学讨论。

教师怎样帮助学生参与构建科学解释？本章将给出一个框架（包括观点、证据、推理、反证），帮助学生进行解释驱动的科学讨论和写作。整章将基于马库斯老师课堂上的片段，说明解释框架的不同组成部分；并结合一个四年级的课堂教学片段，展示如何向学生介绍解释框架；通过不同内容领域以及不同年级学生的写作样例，说明如何应用此框架。此外，本章还描述了如何通过解释框架的变式增加难度，以适用于不同水平的学生。框架是否变化、如何变化取决于学生相关的实践经验。本章最后还将讨论使用科学解释框架带给所有学生的益处。

科学解释框架

开展科学探究对学生来说可能确实具有挑战，一部分原因在于他们不熟悉科学中的各种准则与规范。科学是用特定的思维、推理、讨论和写作进行认知的方式（Michaels et al., 2008），其关键特征之一是做出解释并围绕解释展开辩论。为了支持学生进行这种复杂的实践，本书采用了图尔敏（Toulmin）的论证模型（1958），建立了科学解释的框架（McNeill, Krajcik, 2012; McNeill et al., 2006; Zembal-

Saul，2009）。它包含四个要素：观点、证据、推理和反证。对小学生来说，通常关注框架的前两个要素（观点和证据）或前三个要素（观点、证据和推理），尤其是在科学写作中。反证通常要到初中甚至高中才会用到。不过，本部分将对四个要素都进行描述，呈现框架的全貌。通过描述观点和证据这两个要素，以及如何运用它们帮助低年级学生或在构建解释方面经验很少的学生，我们开始了这一重要的研究实践。图2-1展示了框架的前两个要素。

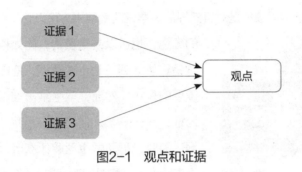

图2-1　观点和证据

观点

　　框架的第一个要素是观点（claim）。观点是对原始问题（original question or problem）的说明或结论。对小学生来说，给出一个对特定问题回答的观点相当具有挑战性。通常情况下，小学生会给出一个与主题相关的答案（如物质的状态），但不会直接回答问题（如大米是固体、液体还是气体）。因此，帮助学生构建专门指向核心问题的观点很重要。此外，学生的观点通常能回应问题的解决，但一开始要么太具体，要么太笼统，这与他们可用的数据有关。因此，构建一个合理的观点需要在整节课中进行实践和完善。

　　例如，在本章一开始的教学片段中，马库斯老师让学生思考不同位置观察到的光源产生影子的结果，形成对"任何一种光源都能产生影子吗"这一问题的观点。在讨论过程中，有个学生提出了自己的观点，然后另一个学生完善了这个观点，使其更准确。学生提出的最初观点是：任何一种光源都会产生影子。但是，因为学生没有测试所有可能的光源，所以观点变成了：不同光源的光会产生影子。基于给出的证据，最终的观点更准确，更好地回答了这个问题。此外，因为这个观点是在科学对话中公开讨论的，所以全班学生都能了解观点修正过程背后的思考，使得所有学生对"什么才是合理的观点"有了更深刻的理解，同时对母语非英语的学生尤其有益。

证据

科学的本质之一是使用证据（evidence）。当科学家构建或修正观点时，他们要使用证据。因此，我们希望即使是小学生也能用证据支持他们的观点。证据是支持观点的科学数据。数据是对自然界的观察或测量结果，可以是定性的，比如植物的颜色，也可以是定量的，比如植物的高度。不管是定量数据还是定性数据，都在科学中发挥着重要的作用。然而，学生常常难以将定性数据作为证据。一开始，他们更容易将"数字"作为证据。因此，帮助学生理解什么可以作为证据、什么不能作为证据是很重要的。

> 数据是对自然界的观察或测量结果，可以是定性的，比如植物的颜色，也可以是定量的，比如植物的高度。

随着学生对证据有了初步的理解，也可以引入数据的合理性和充分性的概念（尽管不一定使用这些术语）。如果数据与回答的特定问题相关或者对问题来说特别重要，那么数据对于观点的形成就是合理的。例如，学生可能会使用不恰当的数据作为科学观点的证据，比如他们的日常经验，事实上，这在小学生中很常见。尽管联系学生的日常经验很重要，并且我们也希望帮助学生认识到科学无处不在，然而让学生理解什么是科学证据也同样重要。更具体地说，科学证据来自对自然界的观察和研究，需要有足够的数据来支持观点。科学上，经常使用多个数据作为证据来支持观点。例如，图2–1说明了用三个证据支持观点。最初当我们把解释框架介绍给学生时，可能只需要学生使用一个证据。随着学生获得的经验和专业知识越来越多，教师可以鼓励他们使用多个证据支持观点。具体的证据数量取决于学生要完成的特定的研究或学习任务，并没有一个理想的标准（如三个证据）。相反，学生应该考虑使用所有合理的证据来证明自己的观点。

在本章开篇的教学片段中，我们看到马库斯老师的学生使用了多个定性数据来支持他们的观点。全班完善观点并记录下来后，马库斯老师特意问学生："我们的证据是什么？"正如表达观点一样，学生第一次表达证据的尝试也是模糊的：我们测试了不同种类的光，它们都产生了影子。其他学生建议要对这些测试过的特定光源以及能否在白纸上产生影子进行说明。最后，全班学生梳理了五个不同研究的定性数据（如它们产生了影子）："我们的证据是，测试过的黑光灯、手电筒、蜡烛、台灯和电视都在白纸上产生了影子。"在这个案例中，证据相对简短，但仍然包含了五个不同的证据。

推理

当学生习惯使用证据支持观点后，就可以介绍框架的第三个要素：推理（reasoning）。推理是将证据与观点联系起来的正当理由。通过使用恰当而充分的科学原理，说明为什么数据可以作为证据。图2-2扩展了最初的解释框架，增加了"推理"这一要素，以解释观点和证据之间的关系。

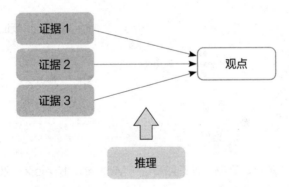

图2-2　观点、证据和推理（McNeill，Krajcik，2012）

对学生而言，表达推理是一个更复杂的过程。我们发现，对小学生来说，推理比观点和证据更有挑战性（McNeill，2011）。对初中高年级学生和高中生来说也是如此（McNeill，Krajcik，2007；McNeill et al.，2006；McNeill，Pimentel，2010）。学生常常难以解释"怎样用科学原理或科学概念确定什么是证据"，他们最初的推理不是"解释证据怎样或为什么支持观点"，而是简单地重复观点和证据。推理

> 推理应该包括大概念或科学概念，将一节课的重点囊括其中。

应该包括大概念或科学概念，将一节课的重点囊括其中。推理为学生提供了思考和反思这些科学概念的机会，培养他们使用科学术语和科学语言的习惯。

例如，在本章开篇的教学片段中，全班最后以下面的陈述作为他们的推理：我们看到影子的产生是因为光沿直线传播，直到物体阻挡它。在本次课之前，学生们已经进行了几次研究。他们观察到光沿直线传播，直到被物体阻挡形成影子。这一科学原理使得学生能证明观点和证据之间的联系，我们称之为推理。推理鼓励学生使用科学中的大概念来阐明证据怎样或者为什么支持观点。

反证

解释框架的最后一个要素是反证（rebuttal）[①]。反证是指通过提供反面证据进行推理来描述其他解释不合适的原因。图2-3的科学解释框架中增加了"反证"。

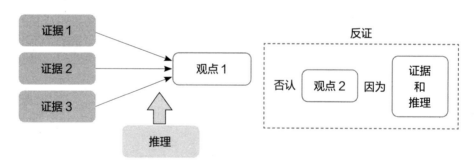

图2-3　观点、证据、推理和反证（McNeill，Krajcik，2012）

通常，科学家们会在多种不同的观点之间展开辩论，并确定哪种观点更合适。如图2-3所示，反证解释了为什么观点2不是这一问题更合适的观点。与观点1的得出类似，反证也使用了证据和推理。但在反证的过程中，证据和推理清楚地说明了为什么观点2不合适。

反证是科学解释中又一个对学生有挑战性的要素。我们在研究中没有直接向小学生介绍反证或者讨论这一框架要素。相反，正如本书的例子所呈现的，与我们合

---

① rebuttal也译为反驳，这里用"反证"来突出基于反面证据的论证过程。——译者注

作的一线教师更多关注观点和证据，或者关注观点、证据和推理。尤其在学生写作方面，反证的运用较少，直到初中或高中才出现。然而在科学讨论中，我们经常看到学生在多个观点之间展开辩论，即使我们没有明确指出这就是反证，他们也会参与到反证的过程中。例如，在讨论"植物生长需要什么"时，有的学生认为植物生长不需要土壤（观点1），而有的学生认为植物生长需要土壤（观点2）。在随后进行的课堂研究和讨论中，学生会收集数据并分析这些数据，确定哪一种观点更合适。反证是科学解释的重要组成部分，但明确指出这一过程就是反证对小学生而言意义不大。相比之下，观点、证据和推理的表达能帮助学生理解科学实践，以及如何支持、证明科学观点。

在马库斯老师的课上，全班讨论了如何使用凝练的语言表达观点，以及怎样用证据支持观点，但他们并没有讨论其他的解释。我们认为，该教学片段中的对话水平对三年级学生来说已经很复杂了（但也是能达到的），因此没有必要引入反证的概念。然而，如果同学们不同意亚历克斯最初的观点——任何一种光源都会产生影子，那么另一种解释和反证自然会在课堂讨论中出现。例如，可能有的学生会带着常见的迷思概念来回答：我认为不是所有的光源都会产生影子，因为月亮是一个光源，但晚上一切都是黑的，所以月亮不会产生影子。如果学生提出了其他的观点——只有一些光源能产生影子，就需要考虑另外的证据和推理来确定这两种观点哪一种更合适。教师可以让学生在有月亮的夜晚到室外收集"月亮是否会产生影子"的数据，或者教师晚上自己去拍照，然后把这些数据带到课堂上讨论，这种情况下学生就能思考多种解释。但我们仍然觉得没必要告诉三年级学生"反证"这个词。相反，关注观点、证据和推理的思想提供了一个更简化、更容易的框架推动学生构建科学解释。

案例：怎样向学生介绍科学解释框架？

应该怎样向学生介绍科学解释框架呢？下面的案例可能会对你有所帮助。案例呈现了赫什伯格老师在2009—2010学年的四年级课堂教学实录。课堂上，学生一直在研究"简单机械"单元"斜面"部分的内容。尽管该班级有过使用证据和观点的经验，赫什伯格老师还是与学生一起回顾了科学解释的要素，并鼓励他们对每个要素进行定义。然后，她用学生描述的语言制作了一张介绍解释框架各要素的海报。之后一年的时间里，作为书面解释和口头解释的参考，这张海报会一直在课堂上展示。

在此教学之前的讨论中，学生通过研究收集了力和距离的数据并发现了其中的规律，试图回答"斜面如何帮助我们工作？"这个问题。教师想让他们写出与研究相关的科学解释，所以在写作任务开始之前，她建议大家重新考虑解释框架的各个要素。赫什伯格老师首先强调观点、证据和推理三个框架要素。在本课6分钟的教学片段中，教师在讨论该框架时使用了各种策略，以帮助学生更好地理解观点、证据和推理，并将框架与学生的先前经验联系起来。这些策略和其他策略将在本书第五章中有更详细的介绍。

一开始，赫什伯格老师就科学解释的三个要素向全班提问。学生基于之前的科学学习经验描述了什么是观点、证据和科学原理。然后，教师进一步追问："在这个研究中你得出了怎样的观点？"基于前面有关斜面的讨论，学生们结合当下具体的研究给出了回答。教师鼓励大家更全面具体地思考观点是如何提出的，以及什么对提出观点有帮助。当全班继续关注具体的研究内容和收集的斜面数据时，教师问道："我们一开始是怎样研究的？"这个问题有助于学生转变思维，将注意力集中在研究背后的问题上。学生在重新审视了斜面研究的核心问题后，能更好地描述观点，并把它作为对问题做出回答的陈述。赫什伯格老师用学生的话在表格中写出了观点的定义，这样做与教师为全班提供一个标准的定义是不一样的。她启发学生积极思考，并把观点的定义与当前的研究联系起来。赫什伯格老师的方法是以学生为中心，鼓励学生自己生成解释框架。

在接下来的讨论中，赫什伯格老师问："有了观点以后，还需要什么？"学生立即建立联系，在斜面研究中，观点是基于证据建立的。尽管如此，教师还是进一步追问："证据从哪来？"全班一致认为证据来自研究数据。有学生补充道："如果没有数据，怎么回答这个问题呢？"这样，学生就能够将数据和证据与观点联系起来。有一个学生对此做了详细的解释：如果出现不支持观点的数据，可能就需要考虑其他的观点。尽管在这个科学解释的讨论中没有具体提出反证，但这一教学环节表明，至少有些学生正在考虑数据和观点一致的必要性，以及在不一致时需要考虑其他解释。赫什伯格老师再次使用学生的语言在图表上记录了这一定义，以供将来研究和解释时参考。

在后面的讨论中，当赫什伯格老师要求全班同学把推理作为解释的一个要素时，他们已经知道推理需要运用科学原理。在这个单元的教学中，赫什伯格老师一直围绕科学大概念做记录，旨在帮助学生梳理他们的研究思路，如简单机械的科学原理中包含了功、力和摩擦力等概念。通过讨论，学生开始描述科学原理的作用：用"为什么"将观点和证据建立起联系。一个学生补充说，科学原理有助于讲述科学解释的"整个故事"。在之前的教学中，赫什伯格老师提到过科学原理，因此她向学生介绍了推理是科学解释的一个要素，但她仍然坚持用学生的话来下定义。

观点—证据—推理框架对小学生来说一次要处理的内容较多。赫什伯格老师让学生参与科学研究，使他们更熟悉"从数据中得出结论"的方法。这也使她更容易把观点、证据和推理作为科学解释的要素介绍给学生，并将其与学生先前的经验联系起来。赫什伯格老师让学生用自己的话给科学解释要素下定义，记录下来并贴在教室里。通过这一方法，她在自己的班级创造了一个有意义的工具。在整个学年进行科学写作和讨论时，他们会一次又一次地使用这一有意义的工具。

科学解释在各内容领域的应用案例

科学解释框架可用在生命科学、地球与宇宙科学以及物质科学等不同内容领域。这一部分，我们针对每个科学内容领域都提供了一个具体示例，以进一步描述科学解释框架，并论述在各主题中该框架如何应用。

生命科学领域案例

在生命科学领域，有许多主题可以让学生收集数据或对数据进行分析。无论是开展讨论还是写作，科学解释框架都能帮助学生进行意义建构，加深对科学概念的理解。该框架可用于很多主题的研究，如植物需要什么、动物需要什么、适应、行为、生命周期、遗传和习得性特征、生物的相似性和多样性、食物网、栖息地、感官、人体、营养和微生物等。所有这些主题都为学生收集数据或理解给定的数据提供了机会。

与我们合作的一位四年级教师正在教"植物的生长"单元。他让学生把矮菜豆的种子种在花盆里，其中一盆被阳光直射，另一盆没有被阳光直射。在两周的时间里，学生收集了根、茎、叶、花的观察数据和植物高度的定量数据，并记录在科学记录本上。在收集了所有的数据之后，教师让学生通过构建科学解释来回答"矮菜豆在阳光直射下生长得更好吗？"这一问题。教师希望学生写出与表2-1所示的观点、证据和推理相似的科学解释。教师并没有让学生在表格中加入反证，但我们在表格中加上了反证，以说明反证可能是什么样的。教师想让学生得出观点：矮菜豆在阳光直射下生长得更好。接下来，他希望学生至少用三种证据说明自己的观点，如植物的高度、叶子的数量和颜色。最后，通过推理提供一个连接观点和证据的理由。在这个案例中，推理很简单：植株的高度、叶子的数量和颜色是体现植物健康的关键要素。因为阳光直射下的植物长得更高、叶子更多，而且颜色是深绿色，这说明它长得更好。图2-4呈现了该四年级课堂上学生的写作样例。

表2-1　科学解释的不同要素示例

领域	生命科学	地球与宇宙科学	物质科学
问题	矮菜豆在阳光直射下生长得更好吗？	怎样通过阳光下的影子确定时间？	橡皮筋缠绕的匝数会影响小车移动的距离吗？
观点	矮菜豆在阳光直射下生长得更好。	阳光下影子的长度可以用来确定时间。	橡皮筋缠绕的匝数会影响小车移动的距离。
证据	阳光直射下的矮菜豆长了16 cm，阳光照射不足的矮菜豆长了11 cm。阳光直射下的矮菜豆长了6片叶子，而缺少阳光照射的矮菜豆长了3片叶子。阳光直射下的矮菜豆叶子颜色是深绿色，而缺少阳光照射的矮菜豆叶子颜色是浅绿色。	上午10点45分，太阳低，影长是20 cm。12点25分，太阳高，影长是17 cm。下午2点15分，太阳低，影长是21 cm。早晨和下午影子更长一些，中午短一些。	当我们把橡皮筋缠绕4次时，小车移动了45 cm。当缠绕8次时，小车移动了63 cm。

续表

领域	生命科学	地球与宇宙科学	物质科学
推理	植株的高度、叶子的数量和颜色是植物健康生长的重要指标。因为阳光直射下的矮菜豆长得更高、叶子更多，且是深绿色的，所以说明它生长得更好。	影子的长度是由太阳在天空中的高度决定的。太阳在天空中的位置变化是地球自转引起的。太阳越高，影子就越短，这就是影子可以用来确定时间的原因。	缠绕橡皮筋的过程是把动能转化为势能。当橡皮筋被释放时，势能又转化为动能。动能是运动的能量。橡皮筋缠绕的匝数越多，势能越大，意味着储存的动能也越多。这就是为什么绕的匝数越多，小车移动得越远。
反证	第二天，两盆矮菜豆看起来没什么区别，所以有人可能认为植物生长与阳光没有关系。但两周后，两盆植物的高度、叶子数量和颜色就不同了。	有人可能认为影子不能用来确定时间，因为它们与一天中的时间无关。还有人可能认为影子是由产生影子的物体决定的。事实上，同一物体的影子会随着一天中时间的推移而改变。	有人可能认为橡皮筋缠绕的匝数不会影响小车移动的距离，因为他们没有意识到橡皮筋储存的能量就是小车移动的原因。他们认为小车移动是因为有轮子，或有人推它。实际上，小车移动的能量来自橡皮筋。

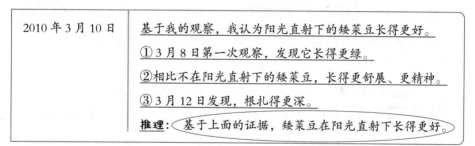

图2-4　四年级学生关于矮菜豆的科学解释

　　为了给学生提供反馈，教师在观点下面画了线、给证据编了号，除了书面评语"推理"二字外还圈出了学生的推理内容。从这个例子中，我们看到学生提出了合理的观点：阳光直射下的矮菜豆长得更好。这名学生随后附上了三个证据：第一，因为3月8日那天发现它长得更绿。第二，相比不在阳光直射下的矮菜豆，它长得更精神。第三，我注意到在3月12日，它的根比不在阳光直射下的矮菜豆的根扎得更深。这名学生还把证据与观点联系起来，进行了初步的推理：基于上面的证据，矮菜豆在阳光直射下长得更好。在这个案例中，无论是证据还是推理都不像表2-1中的理想示例那样详细。特别是推理，只重新陈述了证据和观点，而没有描述证据怎样或者为什么支持观点。然而，这名学生成功地用证据和推理证明了她的观点正确。虽然还有改进的空间，但她已经在使用框架帮助自己理解数据，并进行科学写作。

地球与宇宙科学领域案例

在地球与宇宙科学领域，有很多适合学生构建科学解释的机会。学生既可以分析自己调查的数据，也可以分析给定主题的数据，如天气、土壤的性质、岩石和矿物、化石、侵蚀、风化、地震、火山、水循环、季节、月相、太阳的位置和影子等。所有这些主题都提供了多种机会来帮助学生在对话和写作中构建科学解释。

例如，一位六年级的教师让学生写一段科学解释回答"怎样用太阳的影子确定时间？"的问题。为了回答这个问题，学生在学校操场上收集了一天当中三个时间段（上午、中午和下午）影子长度的数据。表2-1给出了学生对问题的理想回答。与上一个生命科学领域中的例子类似，我们在表格中加入了反证，以此说明反证可能是什么样的，而示例中教师只要求她的学生说明观点、证据和推理。学生的观点是：影子的长度可以用来确定时间，证据是一天中不同时间影子的长度不同。最后，通过讨论运用推理清晰地阐明：地球每天自转一次，太阳在天空中的位置会发生变化，这就是影子的长度能用来确定时间的原因。具体来说，这个推理可以这样描述：影子的长度是由太阳在天空中的高度决定的。地球每天自转一次，所以太阳在天空中的位置会改变。当太阳在天空中更高的时候，影子更短。这就是为什么影子能用来确定时间。这个案例的推理比前面的案例更复杂，因为它需要对科学原理进行更深入的讨论，以阐明为什么证据支持这个观点。

图2-5展示了一名六年级学生的科学解释。他提出了一个正确且描述准确的观点：阳光下的影长能确定时间。有趣的是，该学生接下来给证据做了标记，包括整个数据的趋势，如早上太阳低，影子长。其他的证据学生写在记录页面的底部，包括具体的时间和具体的影子长度。尽管证据的位置不同，会让人质疑学生是否理解具体的数字也应该作为证据的一部分，事实上，只要包含这两部分，学生的证据就

是准确和完整的。最后，学生进行推理，解释为什么证据支持这样的观点：阳光下影子的长度可以用于确定时间，是因为地球自转，所以时间会变化。学生把地球的运动和影子的长度联系起来，但他既没有对地球的运动进行深入描述，也没有讨论它如何影响太阳的位置。这个案例说明框架怎样帮助学生进行书面科学解释，当然科学推理部分还可以更深入。

2010 年 1 月 13 日	确定时间
	问题：怎样依据影子确定时间？
	观点：阳光下影子的长度能确定时间。
	证据：早晨，当太阳低时，影子长；当太阳高时，影子短。反之，当影子长时，是因为太阳低。
	推理：阳光下影子能确定时间。因为地球自转，所以时间发生变化。
	上午，10：45，影子长度是 20 厘米；
	中午，12：25，影子长度是 17 厘米；
	下午，2：15，影子长度是 21 厘米。

图2-5　六年级学生关于阳光下影子确定时间的科学解释

物质科学领域案例

物质科学领域给学生提供了多个分析数据的机会。学生可以在课上进行大量的研究来收集数据，或者分析提供给他们的数据。例如，物体的特征、物质的性质、物质的相互作用、物质的状态、物态变化、力、运动、能量、光、热、电、磁和声音等。学生在研究中构建科学解释，并用适当的证据和推理来证明观点。

一位教师和班上五年级的学生在学习"力、运动和能量"单元。学生在测试橡皮筋动力车，其中，橡皮筋缠绕在车轴上。当橡皮筋松开时，车轴旋转，小车移动。在具体的教学过程中，教师让学生收集数据并写出科学解释回答"橡皮筋的匝数会影响小车移动的距离吗？"这一问题。表2-1给出了一个理想的学生回答。尽管执教教师没有要求学生写出反证，但表2-1中也包含了反证。

学生对数据进行分析并提出观点：橡皮筋缠绕的匝数会影响小车移动的距离。然后，学生根据研究提供了具体的证据说明：橡皮筋缠绕的匝数越多，小车走得越远。最后，推理阐明了橡皮筋缠绕的匝数越多，会让小车移动的距离更远。在推理过程中，教师期望学生讨论之前学过的势能和动能的相关知识：缠绕橡皮筋的过程使动能转化为势能。当橡皮筋松开时，势能转化为动能。动能是物体运动所具有的能量。橡皮筋缠绕的次数越多，储存的能量就越多，动能就越大。这就是为什么缠绕的匝数越多，小车走得越远。这个例子需要学生在推理中应用相对复杂的科学概念。如果学生所处年级较低或者科学解释的经验较少，我们希望用更简单的推理语句帮助他们，比如三年级"光"主题或四年级"矮菜豆"主题的案例。在"橡皮筋动力小车"案例中，学生使用观点、证据和推理的解释框架已经有一段时间了，教师希望他们在写作中包含一些复杂的推理。

在该案例中，另一名五年级的学生提出了一个完整且准确的观点——是的，橡皮筋缠绕在车轴上的匝数会影响小车移动的距离。该生接着从她的实验中提供了两个证据：当我们将橡皮筋绕8圈时，小车移动了63厘米；绕4圈时，小车移动了54厘米。最后，这名学生进行了复杂的推理。她讨论了势能和动能：我的理由是，当我们缠绕橡皮筋时，它被称为势能，当松开时，它被称为动能。势能意味着橡皮筋随时能被释放，同时小车会动起来。动能就是释放储存的势能。橡皮筋缠得越紧，它就能释放出更多能量推动小车前进。虽然该生在书面解释中出现了一些语法错误，但她清晰地解释了为什么缠绕橡皮筋的匝数会影响小车移动的距离，并把势能和动能的科学概念融入写作中。

使用何种复杂度的观点、证据和推理取决于学生的年龄和经验，以及教师如何设计学习任务。本节特意选择了四、五、六年级学生的书面解释样例，因为它们都包含了推理。我们想借此说明科学解释框架的要素在不同的内容领域是什么样子。在讨论部分（比如三年级的教学片段），我们会看到低年级学生有时也会阐明他们的推理。然而，在低年级课堂上，学生的书面解释通常只关注框架的观点和证据部分。但在本书包含的其他的低年级学生案例中，我们会用更复杂的例子来说明，当学生使用框架进行口头和书面解释的经验更丰富时，这些要素发生了怎样的变化。

逐步增加解释框架的复杂度

　　进行科学解释可以有多种框架，这取决于学生对科学讨论和科学写作的经验水平以及适应程度。表2-2总结了框架的不同变化形式。变式1~3通常适用于小学课堂，而变式4更适用于初中或高中课堂。此外，变式4针对更有经验的学生，可以继续分解，变得更复杂一些。我们在其他的研究中会有介绍（见McNeill，Krajcik，2012）。

　　本部分将通过描述和示例来分别说明变式1~4的使用。这些示例始终强调的是同一个重要的科学概念：物体既可以用性质描述，也可以用制造它们的材料描述。由不同材料（或不同物质）构成的两个物体具有不同的物理性质。例如，一个金属勺子和一个塑料勺子都有相同的功能（用来吃饭），但二者有不同的性质（如颜色、硬度、弹性、溶解度等），因为它们是由不同材料制成的。以下四个例子都集中在这个关键的科学概念上，不过这四个变式在科学内容以及科学解释的复杂度方面均有所不同。

变式1：框架中只有观点和证据

　　变式1聚焦简单的数据模式，即有观点并能够用一个证据支持。我们发现：变式1在低年级的应用效果很好，同时，对缺少科学探究实践经验的中高年级学生也是一个合适的起点。最初的解释框架侧重构建能明确回答问题的观点，而不是指向一般性主题且无法对问题给出回答的描述。此外，变式1要求学生提供能支持观点的一个证据。这个证据要合理，不过不建议对没有经验的学生使用"合理"这个术语。学生应该关注证据是否回答了问题且支持了观点。

　　例如，一年级学生可以研究这样一个科学概念：物体可以用其物理性质及构成它们的材料描述。教师提供了各种各样的物品（如勺子、球和积木），要求学生根据物品的材料构成对物品进行分类（如物品是由什么制成的）。他们需要回答这个问题：哪些物体是由不同的材料制成的？分类后，全班学生一起讨论分类结果。他们可能会给出以下解释：两个勺子由不同的材料制成（观点），因为一个是白色的，另一个是银色的（证据）。

在这一案例中，学生提出了一个观点来回答问题，使用了自己研究得到的一个证据（即两个勺子的颜色）来支持观点。通过该案例可以看出，使用证据非常重要，它为学生确定"两个勺子的材料不同"提供了依据。起初，学生可能只是提出观点，教师需要鼓励他们使用证据（如观察和测量结果）解释为什么提出这样的观点。科学中的大多数观点都有多个证据支持，以让人更信服。但是，如果学生对"用证据支持观点"的思想还不熟悉，那么开始的时候可引导学生仅使用一个证据支持自己的观点。

表2-2   科学解释教学框架的变式

复杂水平	框架序列	学生对框架的描述
简单	**变式1** 1. 观点 2. 证据	**观点** ·对问题做出回答的陈述 **证据** ·支持观点的科学数据
	变式2 1. 观点 2. 证据 ·多个	**观点** ·对问题做出回答的陈述 **证据** ·支持观点的科学数据 ·包含多个数据
	变式3 1. 观点 2. 证据 ·多个 3. 推理	**观点** ·对问题做出回答的陈述 **证据** ·支持观点的科学数据 ·包含多个数据 **推理** ·用科学原理说明证据支持观点的理由
复杂	**变式4** 1. 观点 2. 证据 ·多个 3. 推理 4. 反证	**观点** ·对问题做出回答的陈述 **证据** ·支持观点的科学数据 ·包含多个数据 **推理** ·用科学原理说明证据支持观点的理由 **反证** ·陈述其他解释，提供反证和反推来说明其他解释为什么不合理

变式2：框架中使用了多个证据

变式2关注多个证据的使用。当学生在科学解释方面有更多经验时，他们就不再局限于用一个证据支持观点。经验丰富或者更高年级的学生可以讨论支持自己观点的多个证据的可靠程度（strength）。使用多个证据与使用"充分的（sufficient）证据"，其思想是一致的。然而本书需要再次强调：不推荐对小学生使用这个术语。相反，我们应该讨论是否有多个（multiple）或者是足够的（enough）证据支持观点。多个证据的出现会让学生有更多的机会讨论不同类型的证据，如定量和定性数据，这样能鼓励学生进一步思考在科学中哪些能作为证据，哪些不能作为证据。

> 多个证据的出现会让学生有更多的机会讨论不同类型的证据，并鼓励学生思考科学中哪些可以作为证据，哪些不能作为证据。

前文提到的学生给不同物体分类的例子，也适用于变式2。学生仍在努力回答"哪些物体是由不同的材料制成的？"这一问题，但现在他们需要多个证据支持观点。例如，学生可能会这样做出解释：

> 这两个勺子是由不同材料制成的（观点）。我的证据是：一个勺子是白色的，另一个是银色的（证据1）。白色的勺子更软一些，能用指甲刮出痕迹，而银色的勺子不能用指甲刮出痕迹，且更硬一些（证据2）。同时，两个勺子大小相同，但它们重量不同。白色的勺子重3克，银色的勺子重16.4克（证据3）。

在上面的案例中，学生提出了与变式1相同的观点，但使用了三个证据支持自己的观点。出现这样的结果，一种情况可能是一个学生提出了全部的证据；另一种情况可能是，全班讨论结果时，不同的学生有不同的证据，教师通过板书或以其他可视化的方式记录了多个证据，这样做能让学生看到全班同学提出的所有证据。上述例子既包括定性的证据（如颜色和硬度），也有定量的数据（如两个大小相同的物体的质量）①。这可以为学生提供一个有趣的机会，讨论什么样的观察和测量结果能作为证据回答一开始的问题：哪些物体是由不同的材料制成的。

变式3：框架中加入了推理

> 推理既包括科学原理或科学中的大概念，也需要说明怎样用它们来理解数据。

随着学生越来越习惯使用证据支持自己的观点，可以把更复杂一点的推理介绍给他们。在推理部分，学生需要解释为什么他们的证据能够支持观点。推理既包括科学原理（scientific principles）或科学中的大概念（big ideas），也需要说明怎样用它们来理解数据。对学生来说，要清楚地说明证据和观点之间的联系是很困难的，因为他们需要阐述自己的证据是如何支持自己的观点的或为什么能够支持观点。学生刚开始使用解释框架时可能适合只关注观点和证据，随着学生经验的丰富以及对框架接受程度的提高，推理部分就能添加到框架中。与我们合作的部分班级，三年级和四年级的学生已经成功地开始在科学讨论和写作中加入推理。另一些班级的教师决定等到五、六年级再引入推理，主要是他们认为学生首先需要更多的"用证据支持观点"的经验。

例如，在对材料的性质的学习中，可以把推理添加到先前的科学解释中，以便阐明证据怎样或为什么支持这一观点。学生可能会构建出以下科学解释：

> 这两个勺子是由不同的材料制成的（观点）。我的证据是：一个勺子是白色的，另一个是银色的（证据1）。白色的勺子更软一些，能用指甲刮出痕迹，而银色的勺子不能用指甲刮出痕迹，且更硬一些（证据2）。同时，两个勺子大小相同，但它们的重量不同。白色

---

① 尽管学生没有使用"密度"这个术语，但两个相同大小的物体的质量涉及了密度这一概念。密度对学生来说是一个具有挑战性的概念，你可以和学生讨论这个问题，也可以不讨论。质量本身并不能确定两个物体是否由同种材料（或物质）构成。例如，你可以有8升的水或32升的水。在这两种情况下，它们都是水，但质量不同。此外，如果你有8升的水和8升的油，它们的质量也会不同，因为它们是不同的物质，密度不同。

的勺子重3克，银色的勺子重16.4克（证据3）。颜色、硬度和大小相同物体的质量是材料的性质。如果两个物体有不同的性质，那它们就是不同的材料。由于这两个勺子的性质不同，我知道它们的材料不同（推理）。

这个例子在观点和证据的陈述方面与前一个相同，只是增加了推理，学生描述了为什么证据支持这个观点。具体来说，解释包括了主要的科学概念：不同的材料有不同的性质。这就是为什么两个勺子可以根据它们的材料加以区分或归类。在解释框架部分增加推理能鼓励学生思考真正关键的科学概念是什么，以及如何在对话和写作中阐明科学概念。

变式4：框架中进一步加入了反证

最后的变式是在解释框架中加入反证。反证（rebuttal）描述了其他解释，并提供了反面的证据和推理来说明其他解释为什么不恰当。正如我们前面提到的，反证是解释框架中最复杂的要素，不适合把它直接告诉小学生。随着学生升入初中或高中，鼓励他们在写作中融入不同的观点会变得越来越重要。特别是当他们对某一特定观点出现分歧时，反证的思想就很可能出现在科学讨论中。如果出现多个观点，就需要讨论这些观点的合理性，以及支持观点的证据和推理的可靠程度。

来看最后一个例子，是来自更高年级、更有经验的班级（如六年级），除了增加反证之外，这个例子中还使用了更多的科学和学术语言（scientific or academic language）。在《国家科学教育标准》（NRC，1996）中，1—5年级与6—8年级的科学术语有所不同，如由"材料的性质"转变为"物质的性质"。物质是由同一种材料（原子或分子）构成的。所以，在这个例子中，学生回答的问题是：哪些物体是由不同的物质构成的？在讨论两个勺子是否由相同的物质构成时，学生可能存在的迷思概念是："用途"是用来确定"两个物体是否由同种物质构成"的重要属性。有些学生可能会提出这样的观点：白色的勺子和银色的勺子是由同一种物质构成的（观点），因为它们都是用来吃饭的（证据）。当讨论这两种不同的观点时（这两个勺子是由同种物质构成的、这两个勺子是由不同种物质构成的），反证将成为课堂讨论的一部分。此时，全班可能会构建出如下所示的科学解释：

> 这两个勺子属于不同的物质（观点）。我的证据是：一个勺子是白色的，另一个勺子是银色的（证据1）。白色的勺子更软一些，能用指甲刮出痕迹，而银色的勺子不能用指甲刮出痕迹，且更硬一些（证据2）。同时，两个勺子大小相同，但它们的重量不同。白色的勺子重3克，银色的勺子重16.4克（证据3）。颜色、硬度和大小相同物体的质量（即密度）是材料的性质。如果两个物体的性质不同，它们的材料就不同。这两个勺子的性质不同，所以它们的材料不同（推理）。有些人可能认为这两个勺子由同种物质构成，因为它们都是用来吃饭的。但用途并不是物体的性质，不能以其判断两个物体是否由同种物质构成（反证）。

这个科学解释包括了与变式3相似的观点、证据和推理，使用了"物质"一词而不是"材料"，重要的变化是增加了反证，这让科学解释本身在结构上更复杂；此外，科学内容也更复杂了，因为它专门回答了用途是否是一种性质。虽然我们可能不会让学生在写作中包含反证，但课堂中常常会出现多种观点。科学研究的一个重要表现，就是科学家们常常争论不同观点的合理性，以及支持这些观点的证据和推理的可靠程度。

本书在该部分提出了四种不同的框架变式，说明有多种方式让学生参与构建科学解释。教师要根据学生的年龄和先前经验，选择最适合他们的框架变式。当学生在科学解释方面获得了更多的经验时，教师就可以决定在整个学年的课程中，从一个变式进入另一个变式。例如，在学年初引入变式1的框架，当学生更适应时可增加多个证据。或者对更有经验的学生，可以从变式2开始，在学生能更好地表达"支持观点的证据"时，增加推理部分。总之，我们应根据学生的具体情况调整框架的使用。

科学解释框架对所有学生的益处

　　课堂常常是由多种学习背景的学生组成的，包括有特殊需要的学生和母语非英语的学生。满足所有学生的需求是一项具有挑战性的任务。不过，本书所讨论的策略能帮助所有学生达到更强的科学能力。将科学和读写教学结合起来，既可以支持母语非英语的学生学习科学和语言，还可以帮助以英语为母语的学生更深入地理解科学的复杂语言（Pray，Monhardt，2009）。教师需要用一些策略来帮助所有学生学习语言、构建知识，从而让他们在科学学习中获得成功（Olson et al.，2009）。包含观点、证据和推理的科学解释框架是帮助教师完成这项任务的必要工具。

　　科学涉及一些特殊的交流方式，这与学生日常的口头和书面交流不同。来自不同文化和语言背景的学生会优先选择讲故事等交流方式（Bransford，Brown，Cocking，2000），但这不同于科学研究中的表达方式。为了帮助所有学生学习科学，重要的是发展学生对日常认知方式的理解，并使科学术语的隐含规则显性化（Michaels et al.，2008）。小学生通常能够从日常生活中理解证据、解释等术语，这些可作为科学教学的资源。例如，我们在一个具有多元文化背景的城市小学进行了一项研究。我们问六年级的学生：在日常生活以及科学课中，"使用证据"和"创建解释"意味着什么？当提到在日常生活中使用证据时，大多数学生谈论的是人与人之间的交流，比如当一个人想要说服某人时。他们很少将数据作为证据来谈论，也不太会使用证据支持自己的观点和想法。当提到在日常生活中创建解释时，他们也会谈论人与人之间的交流，比如解释为什么要去看棒球比赛。当被问及在科学课上构建一个解释时，大多数学生并不理解这意味着什么。在整个学年的科学课上，他们的老师卡尔多内一直将构建解释与日常理解相联系，并使用观点、证据和推理框架帮助学生更深入地理解科学概念，同时也提高了学生的科学写作水平。

　　因此，了解学生对日常生活的理解和认知方式以及它们与科学的认知方式有怎样的异同非常重要。学生的理解会因他们的文化和语言背景有所不同。科学解释框架可以作为一种工具，帮助学生理解如何在讨论或写作中证明一个观点。该框架将这种复杂的科学探究实践简化为具体的要素，使学生更容易理解和掌握。在科学对话和写作中，使用科学解释框架能够鼓励更多的学生参与进来，并成功地加入课堂讨论中。

科学解释框架的不同变式是有效支持所有学生学习的资源。学生的背景、经验和理解水平将关系到课堂到底适合使用哪种框架变式。此外，使用不同的框架变式开展教学，能满足特定学生的需要。差异化教学包括个性化课程，需要满足多样化课堂上每个学生的需求（Adams，Pierce，2003）。例如，与我们合作的一位教师把教学重点放在了变式3的使用上。她要求所有学生用适当的证据和推理证明他们的观点是正确的。当然，在班上，当一个学生不同意另一个学生的观点时，他们也会讨论反证的概念。如果班上一些更高水平的学生提前完成了写作，教师也会提出更高的挑战，要求他们在写作中加入反证。因此，框架的不同变式可用来帮助教师进行个性化的教学，满足学生的特定需求。

本章关键要点

这一章讨论了将科学解释框架整合到课堂实践中的重要性，也描述了适合帮助所有学生进行科学解释的框架（包含观点、证据、推理和反证）。此外，本章还举例说明了在小学四年级的课堂上引入科学解释框架会是什么样的，提供了不同学习领域的科学解释示例。同时，如何调整框架的不同变式，以满足特定学生的需求也是本章强调的重点。接下来的章节将重点讨论如何获得科学解释所需的证据。为了成功地构建科学解释，学生需要分析数据，这是实践的关键之一。我们还将讨论课堂上的不同教学策略，以及如何把科学解释整合到教学设计中。最后我们将聚焦评价，提供设计评价任务和评价量规的策略，以及一些示例，展示如何评价学生的优势和不足，更好地满足教学需求。

阅读反思与实践

1. 选择一个你正在教的科学概念，思考：提出什么样的问题能让学生构建科学解释？写出一个学生可能回答该问题的解释，并标出观点、证据和推理（也可以加入反证）。

2. 基于表2-2，你会向学生介绍什么样的框架变式？为什么你认为该变式是合适的？

3. 你会怎样向学生介绍这个科学解释框架？如何定义其中的不同要素？

4. 向学生介绍科学解释框架对他们有什么好处？可能会出现哪些挑战？你在未来会以怎样不同的方式将框架引入教学？

第三章

进行解释驱动的科学教学设计

☑ 使用连贯的科学内容故事线

☑ 构建科学解释的几个关键特征

☑ 学习表现和教学案例

☑ 改变学习任务的复杂性

怎样设计教学才能为学生提供构建科学解释的机会？如何在现有的课程中找到让学生构建科学解释的机会？让学生成功参与这样复杂的实践，要为他们提供哪些支持？让我们看看下面的内容：卡彭特老师和齐兰博士为一年级科学课程"种子和植物生长"单元所做的准备。

卡彭特老师是当地一个大学和小学（university-school）合作项目的导师。她当时正准备教"种子和植物生长"单元，于是邀请了大学科学教育联络员齐兰博士加入其中。他们首先研读了各种相关文件，包括本地区对该单元课程学生应理解的概念的要求、希望学生取得的预期学习成果，以及州和国家层面的科学标准，与该单元主题相关的各种书籍。这一单元要学习的概念有：（1）植物的种类多样；（2）植物有根、茎、叶；（3）不同种类的植物是由不同种子长成的。卡彭特老师指出，这些概念与1—5年级国家生命科学标准相关，具体涉及生命周期和生物体的特征：（1）动植物都有生命周期；（2）植物生长需要空气、水、营养和光；（3）动植物具有不同的结构，且这些结构与其功能相适应（NRC，1996，p.129）。齐兰博士补充说，"提出关于环境中的生物/物体的问题，计划并实施简单的研究，使用简单的工具收集数据，用数据构建合理的解释，以及对研究进一步交流和解释"，这些与探究标准也是相关的（NRC，1996，p.122）。

这两位教育者是同一专业学习共同体的成员。该共同体一直在探讨如何围绕连贯的科学内容故事线（coherent science content storyline）设计教学。故事线的概念包括确定并坚持学习目标，将每节课以及各课之间的概念和活动联系起来，用有逻辑的方式对概念和活动进行序列化设计，让学生使用故事线进行意义建构（Roth et al.，2011）。卡彭特老师和齐兰博士设计了矩阵式的教学设计表，帮助教师聚焦科学解释的要素，以及连贯的故事线发展过程（见表3-1）。首先，他们根据学生对种子和植物的先验知识，确定了单元的关键概念，并以一种有意义的方式对这些概念进行排序。这些关键概念以学生们能提出观点的方式加到教学设计表中。在科学解释中，观点的作用是回答关于现象的问题，据此卡彭特老师和齐兰博士着重设计合适的问题指导教学。他们思考什么样的现象是学生必须要观察到的，从而能作为形成观点的证据。于是，他们在教学设计表中还添加了能够收集的证据和相应的具体活动。

在该教学设计表完成的最后，卡彭特老师注意到内容故事线和构建解释的机会并没有遵循课程指南中所描述的单元概念的顺序。她和齐兰博士认为这样是合理的，因为它涵盖了所有的关键概念和学习目标，而且这样重新排序后能够在概念之间建立更多的联系。卡彭特老师还指出，这个教学设计过程与她以往使用的方法有太多不同。以往的方法是先收集和回顾与单元主题相匹配的活动，而在她与齐兰博士的合作中，这些活动实际上是最后才考虑的。

由于卡彭特老师的学生没有构建科学解释的经验，她设计了"一个神秘的袋子"活动来介绍问题、观点和证据（可参考文献Norton-Meier et al.，2008）。这个活动要求学生用三种测试方法（捡起来摇一摇、听一听、摸一摸）对放在袋子中的物体进行观察，并根据这些观察结果构建"袋子中是什么物品"的观点。此外，卡彭特老师还准备了一张大图表，学生可以在上面用图画和照片记录他们的日常观察；还有一块公告板，上面贴着全班学生基于证据构建的观点；此外，卡彭特老师又准备了几个科学笔记本，供学生记录自己在整个单元中的思考。

表3-1　一年级"种子"一课的科学内容故事线

问题	观点	证据	活动
问题在某种程度上是可研究的。学生应该知道他们通过研究需要回答的问题是什么。	观点是基于证据对问题回答的描述。这些描述应该反映单元的科学概念和/或学生的学习结果。	证据是能形成观点的观察结果或数据的规律。	活动应该精心选择，为收集必要的观察结果或数据提供合适的机会。
种子是什么？	[一些] 植物是从种子中生长出来的。	矮菜豆种子长成了一株植物。[1-3][1] 其他种类的种子也长成了植物。[4] 当我们剥开湿润的矮菜豆时，能看到植物宝宝（胚胎）、植物的食物和根（胚根）。[2]	**1．矮菜豆活动A** 了解学生关于种子的已有知识。 让学生观察干燥的矮菜豆并在日志中记录观察结果。 他们认为这是种子吗？ 他们认为种子萌发时需要什么？
种子萌发需要什么？加入一些它们需要的东西以便它们能够生长。	种子萌发需要水/湿度。 种子最初萌发时不需要土壤。 种子包含开始生长成一株植物所需的全部。	矮菜豆的种子开始变化（膨胀、种皮裂开），当矮菜豆的种子变湿的时候，它开始生长。[2-3] 用湿毛巾包着的矮菜豆能生长。湿润土壤中的矮菜豆能生长。[3] 各种种子在湿润的情况下都会生长。[4] 用湿毛巾包着的各种种子都可以生长。[4]	**2．矮菜豆活动B** 让矮菜豆突然变湿。让学生再次观察并记录矮菜豆种子及其与最初观察的不同。剥开变湿的种子并观察其内部结构，记录在日志中。
植物是由哪几部分组成的？它们是怎样生长的？	植物有根、茎、叶。 许多植物有着相似的生长规律。	用观察图画或照片作为证据。一定要在画上做好标记。[1-4] 观察结果应该呈现出：通常先长出根，然后是茎，再然后是叶。	**3．矮菜豆活动C** 把种子分别放在不同的环境中：装有湿毛巾的袋子里、土壤中、纸袋中，观察一段时间并进行记录和比较。

---

① 表格中的数字对应活动栏中的活动序号，后同。

问题	观点	证据	活动
问题在某种程度上是可研究的。学生应该知道他们通过研究需要回答的问题是什么。	观点是基于证据对问题回答的描述。这些描述应该反映单元的科学概念和/或学生的学习结果。	证据是能形成观点的观察结果或数据的规律。	活动应该精心选择，为收集必要的观察结果或数据提供合适的机会。
所有的种子都一样吗？	种子有各种各样的形状、大小、纹理和颜色。一些种子比另一些种子萌发得更快。	认真观察种子的每一项特征（形状、大小、纹理和颜色）和发芽时间。观察矮菜豆种子的特征和发芽时间。[1-3]学生检验了其他所有的种子。[4]图表是表达这些数据的好方法。	**4. 种子分类活动** 向学生展示各种各样的小物体并问他们哪些是种子。让他们回想矮菜豆活动，并设计实验将种子挑选出来（如加水）。实验中，对哪些种子会萌发进行预测，记录观察结果。
植物是什么？	植物是生物。	用植物生长变化的观察结果支持观点。	为学生创造机会，观察水太多或太少、缺少阳光照射的植物的生长状况。
所有的植物都一样吗？	地球上生活着多种多样的植物。通常，大多数植物都有各种各样的特征。	用画图的方式观察。[5][4]大多数植物是绿色的。大多数植物有叶、根、茎。	**5. 植物分类活动** 注意到不同的种子会长成不同的植物。[4]教师带来各种各样的植物，要求学生将它们归类为植物，或不使用绿色、叶、茎、根等标准给植物分类，并画出或写出叶子形状的不同。

　　表3-1和之前的文字呈现了一年级老师和她的同事（卡彭特老师和齐兰博士）是怎样准备涉及重要科学内容的单元的。他们创建了连贯的科学内容故事线，用有结构的方式帮助学生开展观察、提出引导学生思考的有趣问题、鼓励学生记录结果并基于证据构建观点。在进行单元教学设计时，他们考虑了与单元相关的科学内容和探究标准，还考虑了学生在参与构建科学解释时可能需要的帮助。通过使用表3-1，卡彭特老师和齐兰博士将重点放在科学概念和解释上，没有陷入"围绕一系列有趣的活动设计单元"的误区。

本章将探讨怎样进行教学设计，使所有学生都有机会参与构建科学解释，以及如何使用连贯的科学内容故事线进行教学设计。此外，本章还会介绍如何将数据和科学原理作为科学解释的关键特征，以及如何将它们作为教学设计的一部分。最后，本章将讨论如何改变学习任务的复杂性，以更好地帮助学生构建科学解释。书中还呈现了来自不同年级和内容领域的学习表现案例，并特别关注了如何改编现有的课程材料（如教材、教师教学参考用书）支持学生进行科学解释。

使用连贯的科学内容故事线

正如本书第一章中提到的，绝大多数的科学教学采用了动手做的活动方式，这是小学科学教学的关注点之一。当然，学生积极参与动手做的活动是可取的，但TIMSS视频研究比较了五个国家的教学，结果发现美国课堂上的这些活动通常很少强调背后的科学概念，或者更糟的是，根本没有联系到科学概念（Roth et al., 2006）。换句话说，活动过程中学生得到了指导，但并不需要考虑科学内容或进行科学推理。连贯内容故事线的概念是从对那些获得高表现水平国家的科学教学观察中发展而来的。在这些国家，科学概念是教学的核心，实践活动是有意与概念联系在一起的。构建科学解释需要学生运用科学中的大概念理解数据。由于发展连贯的内容故事线需要关注科学中的核心概念，因此设计科学内容故事线的过程有助于教师开发科学课程，并为学生提供多种机会发展科学解释能力。

创建连贯的内容故事线意味着什么呢？故事线的基本概念是通过有目的地选择故事内容并将其以连贯且有逻辑的方式进行排序，从而创建一个"蓝图"（big picture）。下面的教学策略将有助于我们创建内容故事线（Roth et al., 2011）。

• **确定一个主要的学习目标**：学习目标应该是一个完整的科学概念，而不是一个主题或短语。例如，"种子"就是一个主题，相关的学习目标可以表述为："种子是植物的一部分，它包含植物宝宝（胚胎）和保护层，能储存食物，在适当的条件下会长成一株新植物。"

- **有效的目标描述和/或核心问题**：目标描述或核心问题应该与学习目标相一致，且用学生能够理解的语言进行表达。理想情况下，学生不应该在课程开始时就知道问题的答案。一个有效的核心问题应该贯穿整节课，它不仅引出学生的先验知识，还引领学生开展探究，并影响学生观点陈述的不断发展。我们知道，观点是基于对核心问题的回答构建的，因此一个好的问题对于构建科学解释至关重要。

- **将活动与学习目标相匹配**：活动应提供机会，让学生对与学习目标相关的现象进行互动和观察。只要有可能，应该让学生收集数据，作为构建科学解释的证据。教师应有意地选择适当的活动帮助学生发展自己对学习目标的理解。

- **使内容呈现符合学习目标**：当学生从证据中构建解释时，他们最终需要知晓科学原理，从而对证据和观点之间的联系进行推理。类比、图表和模型等呈现形式常用来阐明原理。在设计内容呈现时要考虑它们是特定阶段学生能够理解的，且科学准确，与学习目标一致。

- **促进科学概念之间相互联系**：在整个课程中，科学概念之间的明确联系是连贯内容故事线的核心，有助于学生深度理解概念。这既涉及前后课程之间的联系，也涉及课程与单元最初问题的联系。这样的联系对构建有说服力的科学解释至关重要。

- **关键概念和活动的排序要恰当**：对多数科学内容而言，呈现概念的顺序会影响学生建立概念之间的联系、形成更深入理解的能力。对概念进行排序以及选择合适的活动需要教师深入思考并认真规划。请记住：我们的目标是创建连贯的内容故事线，创建科学解释的"蓝图"。

- **把关键概念综合起来**：在一节课或一系列课程结束时，需要将概念联系在一起。让学生讨论或写出他们的科学解释，包括观点、证据和推理，这是一种把概念综合起来的有效方法。

在与职前和实习教师的合作中，我们发现，使用连贯的内容故事线制订教学计划是一种非常有效的工具。研究表明，当教师在教学中关注连贯的内容故事线时，学生的科学学习会取得显著进步（Roth et al.，2011）。形成连贯的内容故事线能帮助所有学生学习科学，包括有特殊需要的学生。斯蒂尔（Steele，2007）在描述帮助有特殊需要的学生取得成功的教学策略时，强调了基于大概念（big ideas）设计科学课程的重要性。聚焦几个重要概念（important ideas），能帮助有特殊需要的学生关注关键概念（key ideas），而不是迷失在大量的细节中。此外，创建内容故事线能帮助所有学生建立课程之间的联系，对概念的理解更加深入。

构建科学解释的几个关键特征

尽管围绕连贯的内容故事线设计教学是有效科学教学的基础，但这并不能确保学生有机会构建科学解释。构建科学解释和创建连贯的内容故事线是相辅相成的活动。我们的研究表明，当教师在科学教学中关注证据和解释时，也会更加关注科学概念（Zembal-Saul，2009，2007，2005）。鉴于科学解释本质上是关于科学概念的，理所当然，这些方法能够很好地结合在一起。教师必须考虑每节课中的科学概念是什么，以便为学生创造机会提出可探究的问题、收集和分析合适的数据、形成证据，并从证据中构建和证明观点。在本章开篇的教学案例中，卡彭特老师与齐兰博士的教学设计首先确定了该单元的主要科学概念和学习目标，并将其表述为一年级学生能构建的观点。只是在课程设计的最后阶段，他们才计划设计"旨在为构建观点提供必要证据"的具体活动。

当教师考虑在课堂上加入科学讨论和写作时，有时候主要的学习目标之一就是让学生学会构建一个观点，并用证据和推理来支持它。同时，教师可能会遇到重要的科学学习任务，而这些任务与科学解释框架并不一致。例如，教师可能希望学生完成这两项任务：（1）定义"种子"这个术语；（2）提供一些由种子长成植物的例子。这两项任务都是评价学生理解情况的有效问题。学生对第一个问题的回答会让教师了解学生是否能将种子定义为植物的一部分，理解它包含具有保护外衣的植物宝宝（胚胎）和储存的食物，在适当的条件下种子会长成一种新的植物。学生对第二个问题的回答可以帮助教师评价学生是否知道从种子中生长出来的不同的植物的种类（如蔓生植物、树木、草）。设计这些问题的目的与要求学生构建科学解释的目的是不同的。在进行科学解释时，学生要用自己对种子的认识理解数据，并从证据中构建观点。教师在设计构建科学解释的学习机会时，考虑其学习目标是很重要的。教师需要思考让学生用他们的科学知识做什么，以及这个目标与解释框架是否一致。

在这一点上，我们想介绍构建科学解释的两个关键特征：科学数据和科学原理。当我们审视课程的现有任务或开发新任务时，如果要进行科学解释，就需要考虑这两个特征。在进行教学设计时，明确这些特征有助于我们设计任务，让学生得出同"观点—证据—推理"框架相一致的回答。

科学数据

无论学生是进行口头讨论还是书写科学解释，学习任务都必须包含数据以及对数据的理解。科学的核心是用证据解释我们周围的世界。因此，学生必须获取数据、分析数据，并将数据作为科学解释的证据。这些数据既可以是自己收集的第一手数据，也可以是以其他方式获得的数据。回到本章开始提到的一年级科学课的例子，卡彭特老师和齐兰博士设计的课程要求学生回答"种子萌发需要什么？"这一问题。为了构建回答该问题的科学解释，学生把矮菜豆分别种在干燥和潮湿的土壤中，以及潮湿的塑料袋和干燥的毛巾中。在研究过程中，学生需要收集和记录数据（以图画和照片的形式呈现观察结果），并利用自己收集和分析的数据对问题做出解释。（见图3–1）

某些情况下，特别是在小学高年级，可能有一些科学主题的学习学生无法收集数据，或者是因为现有条件不适合开展相关主题的科学探究（如太阳系和太空旅行），又或者是因为相关证据和时间尺度（time scale）问题，如恐龙灭绝这样的主题。其他主题，比如"物质是由原子这样的微粒构成的"，由于微粒太小，也无法在课堂上直接研究。这些主题仍然适合做出科学解释，但需要为学生提供现有的数据来分析，或者让他们自己通过研究确定科学家使用了哪些证据来支持观点。无论如何，如果学生想要成功地构建科学解释，就需要获得合适的数据。

只要可能，我们建议为学生提供收集数据的机会，并将此作为聚焦构建解释的科学教学的一部分。主动收集第一手的数据使学生对他们正在研究的现象产生直接的经验，这不仅能够激发学生的学习动机，而且也符合小学生的年龄特点。此外，让学生参与收集数据并获得直接经验，再加上使用科学语言，能为母语非英语的学生提供学习科学和语言的关键基础。真实的研究对象和研究经历为学生学习语言提供了重要的具体表象（Olson et al.，2009）。研究期间，学生之间的互动也可以促

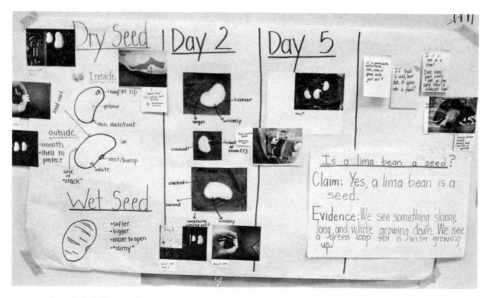

观察记录的内容主要涉及：干、湿种子的结构特点。干种子外部光滑，呈白色，有保护壳（种皮），外部还能看到一条线或称裂纹，中间某部位有凹痕；内部呈黄色，种皮很薄，顶部有个小芽。湿种子更软、更大、更易剥开，有点黏。

观察记录干种子和湿种子在第二天和第五天的变化。

学生的解释：矮菜豆是种子吗？

观点：矮菜豆是种子。

证据：我们看到一个向下长的白色细长部分和向上长的绿色略宽些的小芽。

图3-1　一年级探究种子的观察记录

进所有学生参与到对话中，包括那些读写困难的学生（Keenan，2004）。此外，有研究表明，对正在学习使用解释框架的教师来说，允许部分学生承担收集数据的学习任务是成功开展教学的关键（Barreto-Espino，2009）。让学生参与设计和实施科学探究，收集构建解释所必需的证据，是这种科学教学方法的基础，本书第五章将着重探讨这一点。

科学原理

在进行科学解释的教学设计时，要考虑学习任务第二个要素与科学原理相一致。如前所述，科学探究实践应该与科学内容紧密联系在一起（NRC，2000）。正如TIMSS视频研究中描述的（Roth et al.，2006）：学习任务应该含有丰富的内容而不是没有内容，应该要求学生使用科学原理回答问题和理解物质世界。本书第二章描述了CER框架（观点、证据、推理），其中推理部分涉及使用科学原理创建"证据怎样支持或为什么支持观点"的基本原理。构建科学解释为学生提供了应用科学原理进行实践的机会，并帮助他们发展对新原理的理解。例如，在"种子"案例中，学生运用他们对"植物作为生物体以及生物的需求"的理解研究水是种子萌发的条件。他们使用观察数据和科学原理构建解释，并回答核心问题。此外，学生的理解进一步扩展到水是植物生长的必要条件，而土壤不是（至少最初不是）。

> 学习任务应该含有丰富的内容而不是没有内容，应该要求学生使用科学原理回答问题和理解物质世界。

之前我们讨论过，推理可能不适合作为小学生科学解释的一部分。即使教师没有明确规定学生必须使用科学原理，确定与学习任务相关的科学概念也将确保科学内容是课堂上学习任务的一个基本方面。回想一下，如果不清楚教学内容所包含的科学概念，教师很容易陷入选择有趣活动的陷阱，而这些活动可能并不能帮助学生形成重要的科学概念。

> 如果不清楚教学内容所包含的科学概念，教师很容易陷入选择有趣活动的陷阱，而这些活动可能并不能帮助学生形成重要的科学概念。

在教学设计中考虑科学解释时，记住科学数据和科学原理这两个关键特征，就会有一个强有力的视角评价课程中现有的学习任务或设计新的学习任务。对小学生而言，要给他们创造更多的机会处理自己收集的数据。当然，在学生不能收集数据的情况下，教师可以提供数据。进行教学设计时，要把学生在回答核心问题时使用或学到的科学原理放在首位。

学习表现和教学案例

在科学教学中，我们把包含发展科学解释的学习目标称为学习表现，它说明学生应该能做什么，涉及科学内容和科学探究实践，如科学解释（Krajcik，McNeill，Reiser，2008；McNeill，Krajcik，2008b）。学习表现不仅是陈述关键的科学概念，如种子的定义，还包括阐明学生应该如何在情境中应用这些知识。表3-2给出了一年级学生对"种子内容和构建解释的探究实践"的学习表现示例。

表3-2　学习表现的结构

内容标准	×	科学探究标准	=	学习表现
种子是植物的一部分，它包含植物宝宝（胚胎）和保护层，能储存食物，在适当的条件下会长成一株新植物。 K—4国家生命科学标准，生命循环和生物体特征（NRC，1996，P.129）		使用数据建构合理的解释。 K—4科学探究标准，（NRC，1996，P.122）		学生构建了一个科学解释，其中包括"水是种子萌发的必要条件"的观点，以及以"种植在干/湿土壤中、用干/湿毛巾包着的矮菜豆种子的观察结果"为形式的证据。

表3-2中的示例显示学习表现是怎样把学习内容与科学解释框架结合起来的，以具体说明与种子内容相关的观点和证据。科学探究的其他方面，比如让学生设计一个对照实验，能用来发展学生的学习表现。本书第六章会更详细地讨论学习表现，开发科学解释的评价任务。在这里提出学习表现的主要原因，是需要明确把要求学生参与构建科学解释作为教学的一部分。当学习目标没有说明这些要求时，学生很容易在紧张的课堂学习中半途而废。教师要有意识地关注每节课能否将内容与探究实践合理地结合起来，以确保学生有机会参与探究和解释。

为了说明"连贯的内容故事线"以及"设计将科学内容和探究实践连接在一起的学习表现"的重要性，本书接下来将讨论适合小学生运用解释框架的各种核心问题和学习任务。这些来自不同领域的例子，表明学生可以构建生命科学、物质科学、地球与宇宙科学领域的科学解释。表3-3依据年级水平和内容领域、用于组织学习任务和创建内容故事线的核心问题、以期望学生形成的以各种解释为特征的学习表现这三个方面对案例进行了总结。一年级的案例来自本章都在讨论的卡彭特老师的课。表3-3中介绍的其他几个案例会在本书后面的章节中详细阐述，案例的重点是学生需要哪些证据来支持他们的观点。

这些案例说明了不同学习内容和年级水平的科学课程的设计过程。由于教学实践也对教学设计的改进有指导意义，本书也提供了一些关于课程实施的信息，目的是说明内容故事线和科学解释框架如何为教学提供持续指导。

表3-3　核心问题及其学习表现示例

年级水平和内容领域	核心问题	学习表现
一年级 生命科学：种子	种子萌发需要什么？	学生构建的科学解释包括"水是种子萌发的必要条件"的观点，以及以"种植在干/湿土壤中、用干/湿毛巾包着的矮菜豆种子的观察结果"为形式的证据。
二、三年级 物质科学：声音	当物体发出声音的时候，发生了什么？	学生构建的科学解释包括"振动的物体是怎样发出声音"的观点，以及以"各种发声物体振动的观察结果"为形式的证据。
四、五年级 地球与宇宙科学：水循环	黑板上水的蒸发快慢受什么因素影响？	学生构建的科学解释包含一个观点，比较温度和风是如何加快水的蒸发的，以及以"用来表明各种条件下蒸发快慢的数据图表"为形式的证据。
六年级 地球与宇宙科学：昼夜 物质科学：影子	影子在一天中的移动方向是怎样的？地球转动的方向是怎样的？	学生构建的科学解释包括如下观点和证据：关于"一天中影子移动的方向和地球转动方向"的观点；证据是他们在早上、中午和下午观察地球上相同物体影子的移动情况后的记录。

二、三年级教学案例：声音

凯尔老师想让二、三年级学生研究"振动的物体是怎样发出声音的？"这一问题。她通过写出希望学生从研究中形成的观点和获得的证据编写内容故事线。然后，凯尔老师提出了核心问题，以期帮助她的学生构建观点（表3-4），以及支持第一个观点的第二个观点。此外，她还为学生提供了更多的证据，证明声音和振动之间的联系。

表3-4　二、三年级"声音"一课的核心问题、观点和证据

核心问题	观点	证据
当物体发出声音的时候发生了什么？	当声音产生的时候，物体在振动。	我们看到音叉振动时产生了声音。 我们把水放在声碗（sound bowl）里，当敲击碗的时候，它就会振动并发出声音。 我们看到大米随着振动的鼓面"跳动"。
当振动停止的时候，声音会怎样？	振动停止，声音也停了。	用音叉碰桌子，音叉停止振动，声音也停止了。 把手放在声碗上，声碗停止振动，声音也停止了。 停止敲鼓，大米停止了跳动，声音也停止了。

通过内容故事线，凯尔老师设置了二、三年级的学习任务，帮助学生构建关于声音的科学解释。她用各种各样的发声物体建立了几个实验台，这样学生对于要理解的概念就有了多种表征形式。实验台上有音叉、几个不同大小的鼓（放有米粒）、一个藏式唱碗和两把吉他（一把是用盒子和橡皮筋自制的，另一把是购买的）。凯尔老师问了学生一些问题：当声音产生的时候，你看到了什么？手里拿着唱碗时，你有什么感觉？声音什么时候停止？有几个学生用"振动"这个词解释他们看到和感觉到的现象，凯尔老师也开始在她与小组的讨论中使用这个词。

当学生探究了所有的发声物体后，凯尔老师组织全班一起汇报研究结果。许多学生表示，在实验台他们感觉到并看到了物体的振动。有几个学生还做了演示，他们敲击或拨动物体，使物体产生振动发出声音。凯尔老师问学生：我们能不能对"物体发出声音的时候会发生什么？"提出一个观点？学生们回答说，物体振动时会发出声音。他们从实验台的物体中找到了支持观点的证据。

凯尔老师把观点和支持观点的证据记录在班级记录表上。接着，她问学生：你是否注意到声音什么时候停下来的？学生不知道该如何回答这个问题。凯尔老师决定下节课让学生有意识地停止物体的振动，这样他们就能对"声音停止时发生了什么？"这一问题提出明确的观点。

第二节课，凯尔老师让学生敲击或拨动产生声音的物体，然后，施加外力使这些物体停止振动，如快速敲击鼓，再停止敲击。凯尔老师提醒学生边听边仔细观察：当物体不再振动时，声音发生了什么变化。学生再次到实验台开展探究，他们聚在一起分享观察结果，并提出关于声音的其他观点。经过探究，学生很容易就提出了"振动停止时，声音也停止"的观点，而且他们有多个证据支持观点。接着，全班继续研究声音的音高和响度。

四、五年级教学案例：水循环

戈麦斯老师准备讲解地球与空间科学领域的"水循环"单元。单元第一节课的主要学习目标是知道蒸发是水循环的一部分，当液态水转变成气态成为水蒸气时，水就蒸发了。风和更高的温度能够加快蒸发。戈麦斯老师的课程也设计了内容故事线，包括表3-5所示的观点和证据。

表3-5 四、五年级"蒸发"一课的核心问题、观点、证据

核心问题	观点	证据
怎样加快蒸发？	风和高温（加热）能加快蒸发。	当测量黑板上的水蒸发所需的时间时，我们发现使用吹风机（风和热），水在5秒内蒸发；使用加热灯（热），水蒸发需要8秒；使用风扇（风），水蒸发需要10秒。对照组（无风、无热），水蒸发用了45秒。

戈麦斯老师设置了一系列的实验台，帮助学生探究不同条件下水的蒸发速率并收集数据，从而获得数字性的证据回答核心问题。实验台中的器材有小黑板、风扇、加热灯、吹风机、计时器、装在碗中的水、棉签。学生分组轮流在不同的实验台进行实验，这样他们可以计算每个实验台中水的蒸发速率。其中三个实验台，学生对使用风扇、加热灯和吹风机后水的蒸发速率进行了多次实验。第四个实验台，学生计算了没有加热、无风的条件下水的蒸发速率。教师将测试结果综合到一个大表中，便于学生比较实验结果，从数据中寻找规律。戈麦斯老师让学生讨论黑板上的水发生了什么。她想让学生明白水不是简单的消失了，而是从液体变成了一种叫作水蒸气的气体。戈麦斯老师让学生帮助她在班级记录表的"科学原理"一栏里写下蒸发的定义。全班给出的定义是：当水从液体变成气体时，变成了空气中的水蒸气，蒸发就发生了。戈麦斯老师要求学生写出一个科学解释回答核心问题，并使用证据和科学推理来支持观点。大多数学生能写出像下面一样的解释：如果使用热和风，水的蒸发会加快（观点）。当使用吹风机（加热和吹风同时进行）时，黑板上的水在5秒内蒸发；只加热（加热灯），需要8秒；只有风（风扇），需要10秒；自然状态下水蒸发需要45秒（证据）。黑板上的水从液态变成了空气中的水蒸气，它蒸发了（推理）。

六年级教学案例：昼夜和影子

罗茨老师为六年级学生设计了一系列有关"影子"的课程，将"影子"单元的概念与地球自转联系起来。他首先回顾了和同事们一起开发的内容故事线，将学习目标定位在：理解当光被物体阻挡时，会产生影子；由于地球自转，影子一整天都在变化。基于此，罗茨老师想让学生探究的核心问题是：一天中影子是如何变化

的？一天中影子移动的方向是怎样的？接下来，他思考了想让学生建立的"影子和地球自转"的观点及需要收集的证据。罗茨老师计划让学生在晴天的早晨、中午和放学后都来到室外，和同伴在学校操场或人行道上寻找影子。学生记录了他们找到的影子是什么样的，测量并记录了影长，还记录了找到每个影子时太阳的位置。

第二天，全班对收集的影子的证据进行讨论。他们分享了观察结果：影子从长变短，再变长，并分析了他们的观察记录单，发现一天中影子移动的方向是顺时针方向。根据他们调查获得的证据，全班形成如表3-6所示的观点。

表3-6　六年级"影子"一课的观点、证据（第一部分）

观点	证据
影子在早上又长又细，中午变短，下午又变长。 影子一整天都在沿顺时针移动。	影子在早上有大约6.4米长，中午有2.7米长，下午有4.6米长。（注：具体长度会根据测量影子时的月份和学校的纬度变化。） 影子移动的方向是从左到右，就像时钟转动的方向一样。

有些学生对太阳和影子进行了观察，他们注意到太阳的移动似乎穿过了整个天空，而影子的方向与太阳成相反的角度。罗茨老师在班级记录表中写出以下问题：（1）白天太阳真的能穿过整个天空吗？（尽管有些学生知道不是这样的，但其他学生不确定，因为他们在观察影子时发现太阳确实这样移动了。）（2）影子是在太阳相反的方向形成的吗？他告诉全班同学，接下来的几天将研究这些问题。当罗茨老师设计第二天的课时，他决定把重点放在解决第二个问题上。他计划让学生用瓶装管道清洁剂（pipe cleaner people）和手电筒模拟影子在室外的变化和移动。

罗茨老师意识到，要让学生对影子的产生及其与光源位置的关系有更深入的理解，他们需要知道"光沿直线传播"这一科学原理。第二节课开始时，罗茨老师带着学生回顾二年级时观察过的"红色激光穿过红色果冻"的现象。罗茨老师把这一原理用另外一种形式呈现给学生：四张一组的卡片，每张卡片中间有一个约0.6厘米大小的孔。将这些卡片分别用黏土支撑起来，并以30厘米的间隔在桌上排成一行。罗茨老师关上灯，让学生尝试将手电筒发出的光穿过所有卡片的孔。实验过程中，罗茨老师提醒学生注意观察光束的路径，学生能够观察到光沿直线传播。"光沿直线传播"就被写在了班级记录表的"科学原理"一栏。

随后，罗茨老师让学生拿出前一天的记录单，并用瓶装管道清洁剂和手电筒模拟他们在室外记录的影子。关上灯后，学生把瓶装管道清洁剂放在记录纸上，拿着手电筒在不同位置照射，让形成的影子与室外的影子一致。在学生研究的过程中，罗茨老师巡视指导，问学生：当影子向左倾斜时，光在哪里？当影子向右倾斜时，光在哪里？关于光和影子的位置，你发现了什么？你能像模拟太阳在天空中移动那样，让影子的移动形成一个完整的弧线吗？全班聚在一起研讨，在试图重现影子时观察到了什么。全班学生一致认为，他们可以在班级记录表中增加更多有证据支持的观点（表3-7）。

表3-7　六年级"影子"一课的观点、证据（第二部分）

观点	证据
影子出现在物体的另一侧，与光源位置相反。	当手电筒在物体右侧时，影子出现在物体的左侧。当手电筒移到物体左侧时，影子出现在物体的右侧。
当光被物体阻挡时，会形成影子。	瓶装管道清洁剂挡住了一部分光，我们就会在纸上看到它的影子。

罗茨老师认为，这节课可以把科学推理的概念作为科学解释的一部分介绍给学生。他组织学生对科学解释进行回顾：说出它是由哪几部分组成的。学生回答："观点和证据。"罗茨老师又让学生描述什么是观点，学生指出观点是对问题做出的回答。接着，学生解释道："证据是用课堂上的数据或观察结果支持观点。"罗茨老师告诉全班同学，他将在解释框架中加入第三部分：科学推理。他对科学推理进行了解释：推理是通过科学原理或概念来帮助我们支持观点，这些原理或概念表明证据是怎样支持观点的或为什么支持观点。罗茨老师问学生，是否有一个原理能用来解释影子是怎样形成的。学生认为"光沿直线传播"能解释为什么影子出现在光源的相反方向。全班同学一起写下了他们对影子研究的完整科学解释，首先他们提出观点，然后给出包含科学原理的推理，最后指出研究中获得的证据。

当光线被物体阻挡后，会形成影子（观点）。因为光沿直线传播，所以影子是在光源对面的物体后面形成的（推理）。我们的证据是：在瓶装管道清洁剂右侧举起手电筒，光沿直线传播到这里被挡住了，在瓶装管道清洁剂的左侧形成了影子（证据）。

虽然我们经常称科学解释框架为CER框架，但各部分并不是必须按照"观点、证据、推理"这个顺序来写。重要的是，无论怎样排序，这些组成部分要共同形成一个连贯的科学解释。

综合来看，这些例子旨在说明科学解释框架如何支持教师的教学设计及实施。在对一节课或一个单元的学习目标有了清晰的了解之后，教师就可以围绕适合年级学生的问题和观点创建内容故事线了。可以有目的地设计一些活动或调查研究，为学生构建观点收集必要的数据提供机会。在可能的情况下，特别是对于高年级学生，运用科学原理有助于他们进一步解释观点和证据之间的联系，将二者整合起来进行更深入的科学推理。一旦开始实施这样的课程，这种教学设计方法就提供了一种方式，让你根据学生的回答、问题、突破和困难反思教学。使用内容故事线不仅有助于应对教学过程中出现的各种想法和问题，还能不断提醒教师接下来的步骤和大概念之间的潜在联系。开发融合科学解释的连贯内容故事线，有助于学生深入理解科学课程中的大概念。

改变学习任务的复杂性

随着学生对科学解释经验的增多，他们会更加熟练地协调观点、证据和推理之间的关系。然而，期望每节科学课都让学生参与构建科学解释是不现实的。与这些实践相关的学习任务，最好是在学生理解收集的数据或观察结果时使用，小学课堂可能每周只使用一次或每月使用几次。教师在使用时要注意，关键是在内容故事线中找出适合进行科学解释的地方，然后为学生精心设计适当的学习任务。

在设计构建科学解释的学习任务时，可以对任务的复杂性或难度进行一些调整修改，以满足班上所有学生的需要。对学生来说，任务的特征会影响它的难度，如问题的开放性、数据的类型和数量。如表3-8所示，这个例子借鉴了卡彭特老师一年级"种子"单元的学习任务。该任务的两种变式说明了如何调整任务的特征，使其更简单或更复杂。

表3-8　学习任务的复杂性变化

调整的特征	简单任务	复杂任务
问题的开放性	水会影响种子萌发吗？	种子萌发需要什么？
数据的类型	观察种植在塑料杯土壤中的矮菜豆。	比较种植在土壤和带有纸巾的塑料袋中的矮菜豆。
数据的数量	两种条件下分别放置18颗矮菜豆（共6个杯子，每个杯子有3颗矮菜豆）。连续观察10天。	四种条件下分别放置36颗矮菜豆（3杯湿土壤；3杯干土壤；3包湿纸巾；3包干纸巾）——每杯（包）中放3颗矮菜豆。连续观察20天。

问题的开放性

　　构建科学解释需要从证据中形成观点，回答关于某些现象的问题。我们发现提出一个好问题很有挑战性。研究表明，提出一个合适的问题来构建研究和解释的框架，对许多职前教师和在职教师来说都很困难（McNeill，Knight，2013；Zembal-Saul，2010）。针对低年级或缺少科学解释经验的学生，可以适当限制问题的开放性。例如，提出一个包含潜在观点的问题有助于学生构建能直接回答问题的观点。在表3-8中，简单任务的问题是：水会影响种子萌发吗？这个问题把观点限制在两种可能的情况下：水会影响种子萌发或水不会影响种子萌发。

　　当学生有了从证据中构建观点的经验后，教师再提出更复杂的问题。例如，在表3-8中，更复杂任务的问题是：种子萌发需要什么？这个问题更加开放，因为学生需要考虑与种子萌发有关的多个因素。对许多小学生来说，他们普遍认为"土壤是种子萌发的必要条件"。针对这种情况，卡彭特老师创设了一个情境，学生会从中发现一个规律（水是种子萌发的必要条件），但该规律与放置种子的材料无关（即种子萌发不需要土壤）。学生还可以观察到，过多的水会导致种子腐烂。因此，从这个意义上说，具有一定开放度的问题会让学生基于研究中的证据提出多个观点。

数据的特征

　　影响任务复杂性的另一个方面是学生收集并用于回答问题的数据。当考虑学生在研究过程中将获取的大量数据时，关注数据的类型和数量是很重要的。改变数据的任何一个特征，就可以改变学习任务的复杂性。

数据的类型。学生通常更容易处理同种类型的数据。定量的数据比定性的数据更容易被学生接受。识别定性数据对学生而言通常具有挑战性，如观察结果，同时，客观全面地记录数据并从中发现规律对学生也有一定的难度。在表3-8的例子中，学生收集的数据类型是定性的，但可以变得更定量化。例如，卡彭特老师和学生决定每天记录矮菜豆的生长数据。如果没有生长，就画"×"，如果有增长，就画"√"。生长被预先定义为有"东西"从种子中冒出并钻出土壤。这样，学生就将定性的观察结果以更具体的方式记录下来，简单直接，这种数据类型也更适合低年级学生。

在卡彭特老师和学生的研究过程中，数据类型的复杂性变化还体现在：在潮湿和干燥的条件下，分别比较种植在土壤里的矮菜豆和种植在放有纸巾的塑料袋里的矮菜豆的生长情况。由于学生很容易看到塑料袋里的种子，相比种植在土壤里的种子，他们能更早发现塑料袋里种子的变化。学生在科学笔记本上记录了矮菜豆的大小、颜色、根茎叶的生长变化。卡彭特老师还用照片记录了这些变化，并贴在教室里供大家讨论。由于这些数据涉及几种不同的观察，而且没有一种观察结果是可以直接进行解释的，因此对这些数据的理解也更具挑战性。不过，在教师的指导下，学生对观察结果进行了有效的分享，并利用这些观察结果构建回答问题的观点。

数据的数量。除了数据类型外，学生在研究中收集的数据的数量也会影响学习任务的复杂性。即使在表3-8所示的简单任务条件下，学生也收集了相当数量的数据。卡彭特老师希望学生把"多次实验"作为研究的一个特点，所以每个杯子里种了3颗矮菜豆，每种条件下（湿和干）设置了3杯。换句话说，学生共观察了6个杯子里的18颗矮菜豆，并记录了10天的观察结果。复杂任务下，数据量大大增加，因为一共有四种条件（湿/土、干/土、湿/袋、干/袋），每种条件下都种有3颗矮菜豆；此外，收集数据的时间更长，这样学生不仅可以注意到种子萌发需要什么，而且能观察到种子是如何长成一株植物的。这里只提供了一个例子，但希望大家认识到，科学解释学习任务的复杂性会依据数据的类型或数量而变化。

表3-8中没有把推理作为一个单独的组成部分，因为它取决于问题的表述方式和学生收集的数据。例如，对一个简单的任务进行推理只需要基本的讨论。种子萌

发需要水，这就是为什么潮湿土壤里的种子5天后出现了茎/叶，而干燥的土壤即使过去了10天种子也没有任何变化。在更复杂的任务中，学生的推理包括与"种子本身含有植物生长所需的营养物质"有关的科学概念：种子萌发需要水，但不需要土壤。我们注意到：在装有湿土的杯子和装有湿纸巾的袋子里的种子，几天后都开始萌发了；而在装有干土的杯子和装有干纸巾的袋子里的种子没有萌发。潮湿条件下的种子能在没有土壤的情况下生长，是因为种子中含有让植物胚胎时期生长所需的所有营养。最终，植物会自己制造食物。问题的开放性和数据的复杂性决定了推理的复杂性。

本章关键要点

这一章重点讨论了如何进行包含科学解释的教学设计，以帮助所有学生发展科学素养。该设计的一个关键要点是创建连贯的科学内容故事线，聚焦整体目标，对科学概念排序，为学生构建科学解释提供机会。为了在课程中融入科学解释，要考虑两个基本要素：数据和科学原理。在确定开展科学解释的合适时机之后，教师可着重思考如何设计明确结合科学内容和CER框架的学习表现。这个过程将帮助教师思考如何让学生在写作或对话中构建科学解释。

最后，在教学设计中可从三个方面考虑学习任务的复杂性：（1）问题的开放性；（2）数据的类型；（3）数据的数量。这些特征的变化会影响学生构建科学解释的复杂度。通过上述过程并考虑不同学习任务的特征和特性，就可以做好"为所有学生提供构建科学解释机会"的教学准备。接下来的两章将重点讨论其他的支持和教学策略。把这些策略整合到自己的课程中，可以帮助学生更好地构建科学解释。之后，我们将讨论的重点转移到评价上，以及CER框架如何支持学生在读写方面的学习评价。

阅读反思与实践

1. 审视你正在讲授的科学课程是否有融入科学解释的机会。找出课程中包含"数据和科学原理"两个基本要素的地方，为学生提供用证据和推理证明观点的机会。

2. 设计一个学习任务，思考影响任务复杂性的三个特征（见表3-8）：问题的开放性、数据的类型和数据的数量。针对每一个特征，你是把任务设计得更简单还是更复杂？为什么做出这个决定？

3. 参考类似卡彭特老师和齐兰博士的教学设计过程，选择一个主题单元，创建连贯的科学内容故事线。制作与表3-1类似的表格，突出问题、观点、证据以及教学中将要包含的活动。

第四章

支持学生开展
科学对话和写作

- ☑ 科学对话和写作之间互相促进
- ☑ 搭建科学对话的教学支架

- ☑ 支持学生的科学写作
- ☑ 目标是帮助所有学生构建科学解释

前面已经阐述了在课堂构建科学解释的教学设计关键点，那还可以在哪些方面进一步提高学生的科学对话和写作能力？低年级学生开始撰写科学解释时，对话在哪些方面起到了支架的作用？在全班和小组讨论中，怎样帮助学生构建科学解释？如何利用CER框架设计写作支架？在下面的教学片段中，五年级的帕克老师引导学生在调查、小组内和全班的讨论中反复进行对话、写作，帮助他们成功地构建了关于气压的科学解释。阅读这部分内容时，请思考每一次活动对实现构建科学解释的最终目标发挥了怎样的作用。

学年开始，在学习"空气和航空"单元时，帕克老师想向五年级学生介绍这样一个概念：流动的空气比静止的空气施加的压力小。帕克老师认为，当学生学会这个概念时，他们可以更好地理解飞机起飞的部分原因。研究的关键问题是：空气流动时会发生什么？帕克老师首先让学生进行了四项系列实验，介绍了伯努利原理（气体或液体的流速增加，压强会降低）。这些实验包括尝试吹起漏斗中的乒乓球、吹一张纸条、通过一根吸管向纸帐篷里吹气，以及对着直立放置在一层饮料吸管上的两个易拉罐之间吹气。所有学生都相信他们能够将乒乓球从漏斗中吹出，当看到乒乓球只是在漏斗中旋转时，他们感到非常惊讶。其他的测试结果也同样令他们感到意外。因此，帕克老师让学生在系统的、结构化的研究中开展测试。通过这种方式，他们可以同时进行预测和观察，且不会错失任何一项结果。学生在笔记本上记录了他们的预测、实验步骤和实验结果，并用画图的方式对每项实验做出说明。针对每项实验，他们都要花时间对预测和观察结果进行研讨。

研究完这四种情况后，帕克老师请学生以小组为单位对空气流动时出现的现象进行讨论。学生回顾了每个实验，并从中寻找规律。师生研讨后得出结论：流动的空气比静止或流速慢的空气压力小。学生有多个证据支持这一观点。比如有学生提出："当我们在罐子之间吹气时，罐子向对方移动。当我们向纸搭成的帐篷内部吹气时，左右两个纸片会靠在一起。"

课堂讨论之后，学生拿出笔记本，写下科学解释。帕克老师为观点、证据和推理这三个部分分别提供了写作支架，以提示学生科学解释应包括哪些内容。例如，"证据"部分的写作支架指出：使用四项实验中的每一项数据来支持"空气流动时会发生什么"的观点。学生坦尼斯写道："流动的空气比静止的空气要弱。我的证据是，我们无法将乒乓球吹出漏斗，因为它周围的静止空气将球固定在漏斗中。"

学生写完后，帕克老师请他们在全班分享自己的科学解释，并请其他学生给出反馈意见。他问学生："当你听完其他人的解释时，你听到了观点和证据吗？你能提供哪些反馈帮助他们改进观点和证据？"当学生互相提供反馈时，教师鼓励他们思考：观点是否明确地回答了问题？解释是否包括支持观点的多个证据？例如，全班同学向坦尼斯提供反馈，大家认为她写的观点很好，并包含一个很好的证据，但她还需要补充其他实验提供的证据。

在整个研究过程中，帕克老师让学生反复进行对话和写作。他知道在这节课中要为学生提供支架，以便学生有时间讨论他们关注的内容，并在科学笔记中记录数据、写出解释。为了帮助学生在学年开始就成功地掌握构建科学解释的方法，他引导学生一步步地完成了研究。

上面的教学片段表明，当学生进行科学解释时，对话和写作是相互关联的。对低年级学生来说，在要求学生写出观点、证据和推理之前，为他们提供机会讨论"从证据中发现的规律"，从而形成整个小组的解释很重要。本章将详细阐述科学对话和写作之间的相互作用，并介绍促进全班和小组讨论的方法。本章的最后，我们将讨论帮助所有学生构建书面科学解释的支架、可视化表征以及其他的支持策略。

科学对话和写作之间互相促进

《英语语言艺术共同核心标准》指出，应逐年提升学生写作中语言应用的各方面能力，具体包括：组织和发展概念的能力以及处理复杂内容的能力。进行口头和书面的科学解释是一项有难度的实践，学生需要教师提供一定的帮助，学习如何参与其中。对刚开始尝试书面科学解释的学生来说，全班讨论能起到重要的帮助作用。具体来说，我们建议学生撰写科学解释前，在全班讨论他们的预测，分享数据并进行模型检测，共同构建基于证据的观点。在学生有了科学解释的对话和写作经验后，教师可以提供机会让学生独立或以小组的形式进行科学写作。

无论让学生选择什么样的顺序参与基于科学概念和经验的对话与写作，两者之间的互动都是互补和动态发展的。接下来提供的例子旨在强调，在从证据中构建科学解释时，对话和写作之间的动态相互作用。这节科学课发生在二年级学年末，与本章后面描述的"影响操场秋千摆动周期因素"的课程相关。值得注意的是，参与本节课的学生之前在数据收集和从证据中构建观点方面已有大量的经验。授课教师库尔老师认为，到了今年的这个阶段，她的学生可以在全班讨论观点前独立写出科学解释了。教学开始时，库尔老师让学生根据他们在小组中收集到的秋千的数据写出观点和证据。她要求学生探究秋千链的长短是否影响秋千摆动的时间，鼓励他们将自己的预测写在实验报告单上。

在写完观点和证据后，全班聚在一起对各小组写出的解释开展讨论。库尔老师先请一名学生分享他的观点，他指出了秋千链的长短对摆动时间的影响。库尔老师将这名学生的观点记录下来，并问其他学生是否愿意修改这个观点或提供一个不同的描述。另一个学生分享了她的观点，对长链秋千和短链秋千的摆动时间都做了说明。库尔老师要求全班学生比较这两个观点。有几个学生认为第二个观点更好，并说明了原因。这些二年级的学生对这两个观点进行了辩论。库尔老师帮助他们明确：第二个观点包含了两种情况，而不仅仅是一种。活动最后，库尔老师让学生找出支持观点的证据。

接下来的内容是对本课其余部分进行总结。全班同学继续讨论在哪里能够找到证据。一名学生说："证据就在我们的记录单上。"库尔老师要求她再具体地说说，她回答："证据就在数据中。"库尔老师让学生看一下他们记录的数据表，并判断数据是否显示出"秋千链短则摆动时间短"的规律。学生一致认为，尽管每组的数据略有不同，但数据都呈现出相同的规律。全班一起用自己小组的数据完成了带有空白的记录"短链秋千摆动花了 ＿＿＿＿＿ 秒，长链秋千摆动花了 ＿＿＿＿＿ 秒"。最后，同学们回到自己的座位上，继续完成个人的书面解释撰写。

　　库尔老师精心地设计了这堂课，帮助学生理解他们的数据并构建基于证据的观点。从小组写作到大组讨论，都是为了让学生做好在全班分享数据和想法的准备。在这个过程中，学生经历了从小组讨论到小组写作，再到全班讨论，最后回到个人写作的过程。这个研究案例说明了对话和写作如何交织在一起，帮助学生建立更有说服力的解释。图4-1是一名学生的最终书面解释，从中可以看出这种过程对培养小小科学家的重要意义。

撰写书面科学解释

观点：<u>秋千链越短，摆动越快，长链摆动更慢。</u>

证据：<u>长链摆动花了 17 秒，短链摆动花了 13 秒。</u>

图4-1　二年级学生对秋千摆动时间研究的书面解释

　　接下来我们将讨论教师如何帮助学生进行科学对话和写作。当阅读这些方法时，请牢记对话和写作之间相互促进的关系，并思考如何使用这些方法帮助学生构建科学解释。

搭建科学对话的教学支架

支架是为了帮助学生投入思考和实践而专门设计的，如果没有这些支持，学生将很难构建科学解释（Bransford et al.，2000）。当学生使用支架学习时，他们能更好地完成规定的任务。最终，当学生能够在较少的支持下完成任务时，教师可以移除支架，这一过程称为"逐渐撤去"。

支架既可以是个人提供的支持，如教师或同伴；也可以是其他资源，如课程材料或技术。在构建科学解释的过程中，有几种支架已被证明能够提高学生和教师参与这一复杂实践的能力。接下来，本书将讨论如何支持全班和小组学生进行有效对话。

支持全班讨论

教师在课堂讨论中使用的对话策略对学生构建科学解释发挥着重要作用。这里，我们不仅讨论教师如何利用对话策略，为学生开展关于科学概念和证据的交流提供支架，还将讨论如何让学生的思维可视化，以了解和评价学生理解水平的发展。在与一线教师的合作中发现：《准备，出发，科学!》一书中的对话策略，对于那些在课堂讨论中刚开始关注证据和解释的教师来说是一个有效的起点（见表4-1）。

表4-1《准备，出发，科学!》中的对话策略（Michaels et al.，2008，P.91）

对话策略	问题示例
重复	所以，让我看看，我是否理解了你的想法。你说的是 _____ 吗？
让学生重述其他学生的推理	你能用自己的话来复述他说的吗？
让学生将自己的推理应用于他人的推理上	你同意还是不同意他们？为什么？
提示学生进一步参与	有人想补充吗？
要求学生阐明推理	你为什么这么想？是什么证据帮助你得出结论的？再多说点。
使用等待时间	再给你一些时间，我们等一等。

接下来我们看一个关于对话策略使用的教学片段。赫什伯格老师给四、五年级学生每人一张有六节电池和灯泡图的纸，让他们预测该电路图中的灯泡是否能被点亮。学生提出想法，并在全班进行讨论。令教师感到惊讶的是，有些学生对图中导线只连接到灯泡而不连接到

使用对话策略

电池底部的电路能否点亮灯泡不确定。在上一节课中，全班分组合作，每组都有一个电池、一个灯泡和一根导线，他们找到了四种点亮灯泡的方法。这四种成功点亮灯泡的方法都使用了电池，学生在科学记录本上画出了电路草图，并标出了电池的正负极。一些学生起初认为，如果不把电池的负极和正极都连起来，灯泡有可能会亮。赫什伯格老师认为多听听学生的想法非常重要。她用了一系列的对话策略，向多个学生提问，引导他们说出自己的想法。

教学开始时，学生讨论一个他们都认为无法工作的电路图，一名学生对灯泡不亮的原因做了推理。赫什伯格老师又拿出另一张电路图，这名学生认为该电路图能工作。他解释说，只要灯泡以某种方式连接到电池上，它就会亮。教师问是否有人同意或不同意他的想法，很快，有个学生举起了手，分享她不同意的原因。接着，赫什伯格老师问大家："你们是怎么想的？"学生按照图中的结构对小灯泡能否被点亮做出了解释，并分享了这么想的原因。有四五个学生认为灯泡会亮，其他一部分学生不同意这个预测。教师问："你是怎么知道的？你有什么证据来支持吗？"教师问了几次"为什么"，这个学生都没有给出完整的理由。他最终分享的推理是："我认为它会亮，因为它就像我们上次测试的那样，只是小一点。"（意思是说，这个图仍然是一个连接灯泡和电池的回路，只不过这是个小回路。）这时，有个学生建议大家进行测试，这场对灯泡能否被点亮的预测的讨论就结束了。赫什伯格老师同意他们进行实验。

学生的回答让赫什伯格老师感到很惊讶，因为他们似乎应该从前面的课中知

道：当电池的两端都连接时，才能产生电流。然而，当注意到有些学生对此并不确定时，赫什伯格老师意识到花些时间讨论他们的预测及其原因是很重要的。

通过倾听学生的想法，赫什伯格老师意识到，在学生深入理解概念之前，往往需要多次机会来探索现象。此外，在倾听学生解释自己的想法时，她听到了一些关于能量和电流的错误概念。她认识到，后面的课程中需要设计一些方法，让学生获得更多的科学背景知识和信息理解完整的电路、电流和能量转换的概念。

我们认为对话策略可以作为一种支架，因为当学生习惯于被问及"你的证据是什么？"时，他们会自动开始将证据作为讨论的一部分。随着时间的推移，教师问这种问题的频率越来越低，也会逐渐减少使用这个支架，直至消失。同样的情况也出现在学生表达同意或不同意的方式以及将自己的推理与同伴的推理进行比较的能力等方面。本书第五章所附的大多数案例片段包含了对上述对话策略的关注。在阅读其中一些片段时，我们要特别注意教师提出的问题，并留意构建科学解释支架的各种方式，这会是一个有益的练习。

参与小组讨论

在全班讨论时，对话策略是学生思维可视化和帮助学生进行辩论的有力支架；在小组合作时，对话策略又有相应的调整。除对话策略外，进行小组合作时还可以考虑其他方面的支持。有些教师常常感到疑惑，小组讨论到底是什么样的？小组合作中如何帮助学生构建解释？我们与小学教师的合作发现：在科学教学中，特别是在探究过程中，教师倾向于关注小组互动中的表面现象（Zembal-Saul，2009）。例如，我们经常看到新手教师从一个小组走到另一个小组，问一些问题，如：你在做什么？进展如何？记录数据/观察结果了吗？关注学生探究过程中的调整也很常见，如帮助学生获得实验材料或组装实验设备。与此相反，对教师来说，在巡视各小组时使用CER框架向小组提出各种问题是一件有挑战的事情。我们希望教师通过此方式监测和评价学生的思维，帮助他们理解并构建科学解释。

CER框架能够以多种方式指导教师提出问题（见表4-2）。我们要关注问题对构建解释的重要意义。当某个小组的研究没有朝着预期的方向发展，可能会导致偏离本课的学习结果时，将学生的注意力拉回到核心问题上是一种有效的方法。仅仅问一句"这对我们回答问题有什么帮助?"就能把学生带回到研究和收集数据的目标中。在小组合作中使用CER框架的另一种方法是鼓励学生寻找数据中的规律,找出数据中的规律是做出"有依据的预测"、形成"基于证据的观点"的基础。例如,回顾一下赫什伯格老师的"点亮小灯泡"一课。在全班讨论电路图之前,学生研究了电池、灯泡和电线的各种结构。当学生以小组为单位合作时,赫什伯格老师从一个小组走到另一个小组,要求他们找出灯泡发光和不发光的各种可能情况。有些学生注意到,要把灯泡点亮,灯泡底座的两个接线柱和电池的正负极都需要连接起来。这一观点就成为形成完整电路观点的基础。

表4-2　用CER框架支持小组讨论

用CER框架提问的方法	问题示例
重新聚焦核心问题	这对我们回答问题有什么帮助?
寻找数据中的规律	你在数据中发现了什么规律?
提出初步的观点	基于目前的数据你能提出什么观点?
考虑其他的观点	是否有不同的观点能更好地解释数据?
做出预测	基于现在的结果,你能预测接下来会发生什么吗?

　　在小组合作中,重视监测和评估学生思维的另一个重要原因是:深入了解学生在哪些方面可能存在困难,及其对科学解释的发展会产生怎样的消极影响,并思考如何为学生提供帮助。例如,库尔老师将二年级学生分成几个小组,引导学生围绕"什么会影响秋千摆动的时间"这一问题收集数据。学生测试了改变秋千链的长度、用更大的释放角度和更小的释放角度、改变链条上的垫圈重量等不同情况下秋千摆动的时间。每组的三个学生按照计时员、计数员和记录员进行分工。库尔老师

学生进行思维碰撞

要求学生做三次实验，以便获得更准确的数据。小组合作过程中库尔老师巡视全班，了解学生对所收集数据的理解情况。

在实验过程中，学生统计秋千摆动的次数，并把所用的时间记录在数据表中。库尔老师注意到，其中一个小组的学生没有真正理解秒数越多相当于时间越长或速度越慢。当她问这个小组数据说明了什么时，该小组的学生说，时间越长意味着秋千摆动的速度越快。库尔老师意识到，要让学生最终提出正确的观点，解决这个问题很重要。她提供了一个跑步的情景供学生思考：老师在15秒内跑过大厅，而一个学生在20秒内跑过大厅。库尔老师问学生谁跑得更快。学生异口同声地回答道："你！"然后库尔老师提醒学生：数字越大，速度越慢。接着，她重新回到秋千摆动的问题，提问在大的释放角度（长距离回拉）时秋千摆动得更快还是更慢。学生根据上述例子修改了他们的回答。库尔老师要求学生多做几次实验，这样会获得更多的数据。在学生收集到更多的数据后，库尔老师回到小组中，向学生提出一个有挑战性的、非正式的评价性问题：如果打算让秋千产生一个长距离的摆动，那么释放的角度应该是什么样的（长距离拉回还是短距离拉回）？学生依据他们的研究数据，得出结论：长距离拉回会导致更长距离的摆动。

> 教师巡视小组时，向学生提出各种问题有助于理解他们的思维——特别是识别学生理解和构建解释时可能存在的困难。

这个教学片段说明当学生参与小组合作时教师倾听的重要性。教师巡视小组时，向学生提出各种问题有助于理解他们的思维——特别是识别学生理解和构建解释时可能存在的困难。教师提出基于CER框架的问题可以评估和监测学生的思维，并思考如何帮助他们解决困难。例如："你的数据说明了什么？这些数据如何回答我们的问题？你从数据中发现了什么？"特别是在小学低年级，学生经常对数值类数据的实际意义感到困惑。正如我们在上述教学片段中看到的那样，低年级学生经常认为数字越大越好。当教师帮助学生理解数据并从中得出观点时，要多倾听学生的想法。在学生进行研究之前，试图解释这些数字的含义可能很有趣。然而我们的经验表明，这对学生来说意义不大。在具体的研究情境下处理数值数据，能帮助学生"理解作为证据的数据"。

教师在巡视小组，评估、监测学生思维的过程中，利用上述策略能促进学生参与小组讨论。小组互动为每个学生表达自己的想法创造了机会，而这在全班讨论中是很难实现的。在课堂讨论中，我们经常看到一些学生不愿意参加全班讨论，然而他们却积极参与小组合作，并分享自己的观点。我们鼓励教师发现这些学生所做的贡献，并让他们在全班同学面前分享具体的想法。例如，在卡彭特老师的一年级班里（见本书第三章），有一个小女孩艾米，她很少在全班讨论中发言。在一次关于"种子"的课堂上，她注意到叶子似乎是从矮菜豆种子（子叶）上长出来的，它仍然附着在发育中的植物上。她将这一现象与早期对种子的内部观察联系起来，同学们将这种结构称为"旗"（flag）（第一片叶子）。卡彭特老师听到她在小组中谈论这个问题，于是让她在全班分享她的这一发现。通过这种方式，艾米的想法得到了认可。她做好了充分的准备，自信地向全班交流自己的想法。对"种子如何长成一株植物"形成的观点，艾米提供的证据是解释框架重要的组成部分。

　　小组讨论是帮助所有学生进行科学解释的有效工具。已有研究表明，小组讨论是对英语学习者进行有效教学的关键要素（Pray，Monhardt，2009）。小组合作时学生不仅与同伴一起练习使用科学语言，还观察同伴怎样使用科学语言，这为他们提供了除由教师直接教学之外的另一种学习语言应用的模式。小组合作能支持学生进行科学学习和语言学习（Keenan，2004）。此外，小组讨论也是教师监测和评价学生学习的有效工具，能有力支持学生互相学习。

支持学生的科学写作

　　科学对话是帮助学生书写科学解释的一个重要工具，因为当学生有更多的机会参与科学对话，他们就能从老师和同学那里得到口语上的帮助。此外，各种写作支架和可视化的呈现方式能够帮助学生在写作中合理地证明自己的观点。这些支持既能帮助所有学生进行复杂的探究活动，也能满足特殊学生的需求。其中，可视化的支持能让不同语言背景或有特殊需求的学生，在复杂的实践中成功地构建科学解释。例如，保护性教学观察协议（sheltered instruction observation protocol，SIOP）模式建议使用视觉辅助工具、图形组织器以及其他方法帮助母语非英语的学生开展各个内容领域的学习（Echevarria，Vogt，Short，2008）。可视化的方法也是帮助有特殊需求学生的重要学习策略，特别是在处理信息和阅读理解方面有困难的学生（Steele，2007）。课堂上，教师要为学生创设多种机会鼓励他们参与构建科学解释，并为他们提供所需的各种帮助。下一节将介绍教师如何设计写作支架、可视化呈现以及其他方法，支持学生应用观点、证据、推理解释框架。

提供写作支架

正如本书之前提到的，支架是由教师、课程或其他工具提供的临时性支持，以帮助学生完成自己不能独立进行的实践（Bransford et al.，2000）。科学解释的写作支架通常由句子开头语、问题和其他提示构成，告诉学生做出科学解释应包括什么。句子开头语或句子框架能够有效地帮助母语非英语的学生撰写科学解释，因为学生不必专注于如何拟定句子的开头（Nelson，2010）。相反，他们可以专注于写作中要表达的关键科学概念。写作支架可以直接打印在学生的数据记录单上，也可以通过板书或投影仪显示，让学生在撰写科学日志时使用。当我们设计写作支架时，有四点需要考虑：（1）一般性支持和内容支持；（2）细节和长度；（3）逐渐撤去；（4）结构。（见表4-3）

表4-3　写作支架设计的关键点

设计的关键点	对关键点的描述
一般性支持和内容支持	·一般性支持提供关于科学解释框架的提示，可用于任何内容领域（例如，证据是科学数据）。 ·内容支持提供有关学生试图回答的具体内容或任务的提示（例如，证据应包括鸟的食物数量）。
细节和长度	·对解释框架经验不足的学生能从更详细的支架中获得帮助。 ·英语水平较低的学生（例如，低年级学生或母语非英语的学生）则需要较短的支架，尽量减少阅读要求。
逐渐撤去	·随着学生对解释框架的经验增加，关于支架的细节描述应该减少。
结构（解释、句子开头语或问题）	·根据学生的不同经验，选择不同的结构可能效果更好。解释是对解释框架要素的描述，句子开头语是整个句子的一部分，问题提示学生思考特定要素的内容。

一般性支持和内容支持。在设计写作支架时，我们通常会考虑是否要为每一个组成部分提供一般性的支持和内容上的特定支持。一般性支持给出了框架的提示，可用于任何内容领域。特定内容的支持为学生要回答的具体内容或任务做出提示。下面，我们将用一个六年级"适应"单元的示例来说明两者的不同。为了解决"哪种鸟喙最适应哪种特定食物"这一问题，教师专门为学生设计了包含结果和结论部分的记录单（见图4-2）。在探究活动中，学生四人一组，每个学生从筷子、勺子、镊子和稻秆四种工具中选择一种模拟鸟喙。

为了发现哪种鸟喙能更好地"吃"四种"食物"（弹珠、硬币、冰棒棍和红色的水），六年级的学生举行了一场比赛。他们要在一分钟内尽可能将更多的"食物"从摆放的地方移动到"鸟胃"，即透明塑料杯中。"喂"完食物后，再把相关的数据填写在表中。收集完数据，学生开始撰写回答"哪种鸟喙最适应哪种特定食物"这一问题的科学论证。

结果：

鸟喙	弹珠	硬币	冰棒棍	红色的水
筷子				
勺子				
镊子				
稻秆				

结论：

（写出一个观点来回答这个问题：哪种鸟喙最适应这种环境？）

观点：

（写一句话，说明哪种鸟喙最适应这种环境。）

证据：

（提供科学数据支持你的观点。证据应包括最适应环境的鸟喙吃的食物数量，食物用弹珠、硬币、冰棒棍和红色的水表示。）

推理：

（解释证据支持观点的理由。描述什么是适应，以及为什么这些证据能确定哪种鸟喙最适应环境。）

图4-2　探究"适应"的写作支架

图4-2中，支架包括一般性的支持和具体内容的支持。根据表4-3给出的写作支架设计的关键点，第一句话是"提供科学数据支持你的观点"，包含了用于任何领域的一般性支持。第二句话是"证据应包括最适应环境的鸟喙吃的食物数量，食物用弹珠、硬币、冰棒棍和红色的水表示"，帮助学生完成对这部分内容的研究。在之前的研究中（McNeill，Krajcik，2009），我们发现，当学生同时得到解释框架的一般性支持和特定内容支持时，他们的书面科学解释有了最大程度的进步。学生既需要对解释框架有一个总体的了解，也必须知道怎样应用框架分析不同的数据。例如，学生需要了解，在解释"适应、侵蚀和相变"时，什么能作为证据。因此，当我们为"适应"这个探究活动设计写作支架时，应包括一般性支持和特定内容支持。

支架的细节和长度。在设计写作支架时，我们还需要考虑支架的细节和长度。在确定细节和长度时，首先要考虑学生的已有知识和经验。如果学生使用框架的经验不足，他们就能从包含更多细节的较长的支架中得到帮助。例如，我们为六年级学生设计了图4-2所示的写作支架，这些学生以前对这个框架有所了解，但对撰写书面的科学解释还比较陌生。因此，我们认为有必要提示学生解释框架要素的一般定义——例如，推理说明了证据为什么支持观点。其次，要考虑学生的英语水平。英语水平较低的学生，如低年级学生或母语非英语的学生，需要提供比较短的书面支架，减少他们的阅读压力。如果支架中包含大量的文字说明，不仅会让学生感到不知所措，而且起不到为特定的要素提供说明的作用。例如，与我们合作的一位三年级教师在问题后面只写了"观点"和"证据"这两个词，提醒学生回答要包括这两个部分。他认为大量的细节对学生来说文字量太多，因此，他设计了体现"观点"和"证据"的图标，放在学生的记录表上。在"观点"的旁边，他加了一个问号，提示学生要针对最初的问题进行回答。在"证据"旁边，教师加了一个学生透过放大镜观察的图片，提示学生用观察和测量结果作为证据。在这个案例中，教师没有用详细的文字描述，而是用直观形象的图标来代替。

支架要逐渐撤去。支架是一种"暂时性"支持，学生最终应该在没有支架帮助的情况下完成任务。最初，详细的支持能帮助学生更深入地理解框架。然而，如果这些细节的支持一直持续下去，学生可能无法在写作中学会独立地运用合适的方式证明观点。我们在一个化学单元的教学中对两组中学生进行了对比研究（McNeill et al.，2006），一组学生每次上课中都会得到详细的书面支架，而另一组学生得到的书面支架不太详细，或者随着时间的推移支持细节不断减少。研究发现，逐渐撤去书面支架的学生能够写出更有说服力的科学解释，他们合理地证明了自己的观点。

这项研究的结果表明，随着学生学习的推进，逐渐减少支架的使用是很重要的，这样能帮助学生内化框架，并将其应用于新情境中。例如，如果图4-2中的写作支架是为经验丰富的学生设计的，我们就应该减少细节。在"证据"的支架部分，与其用两个单独的句子说明一般性以及具体内容的支持，不如将它们合并成一个较短的句子，如"提供科学数据，包括最适合鸟喙吃的食物数量"。或者，如果学生已经有丰富的科学解释的经验，支架可以只说"证据——考虑食物的数量"，即提供关于证据的一般性提示以及什么能当作证据的具体提示。当学生对如何证明科学观点的理解越来越深入时，他们就不再需要详细的写作支架了。

支架的结构。设计写作支架最后一个要考虑的是结构，结构化的支架通常包括说明（解释）、句首语和问题（见表4-4）。说明是对解释框架要素的描述，句首语为学生提供了写作模板，问题部分提示学生思考各要素的具体内容。选择这三种不同结构中的哪一种，取决于教师和学生的经验。这三种结构表达了相似的内容，只是形式不同。图4-2中包含的支架为解释框架的要素提供了说明，表4-4说明了如何将这些支架修改为包括句首语或问题的结构。如前所述，这三种结构的详细程度取决于学生使用框架的经验和他们的英语水平，教师据此决定支架的细节是多一些还是少一些。

表4-4　写作支架的三种结构

解释框架要素	说明	句首语	问题
观点	写一句话，说明哪种鸟喙最适应某种环境。	_____ 鸟喙最适应这种环境。	什么鸟喙最适应这种环境？
证据	提供科学数据支持观点。证据包括鸟所吃食物的数量。	我的证据支持我的观点：用 _____ 的喙吃了 _____ 玻璃球，_____ 硬币，_____ 冰棒棍，还有 _____ 红色的水。与其他鸟吃的 _____ 相比，这种鸟吃得更多。	什么样的科学数据支持你的观点？不同的鸟喙吃了多少食物？

续表

解释框架要素	说明	句首语	问题
推理	解释为什么证据能够支持观点。描述什么是适应，为什么你的证据让你确定某种鸟喙的适应性最好。	适应是 ＿＿＿＿＿＿。我的证据支持我的观点：＿＿＿＿＿＿ 鸟喙的适应性最好，因为 ＿＿＿＿＿＿。	为什么你的证据支持你的观点？什么是适应？你如何知道哪种鸟喙适应性最好？

支架提供了可视化的支持，帮助学生在写作中合理地证明自己的观点。在设计支架时需要考虑：一般性支持和具体内容的支持、支架的细节和长度、支架要随着时间的推移逐渐减少，以及什么支架结构在课堂上最有效。此外，既可以对所有学生使用相同的写作支架，也可以对支架进行个性化处理，以满足不同学生的需求。

进行可视化呈现

在教室的墙上张贴海报或进行其他可视化的呈现，能够提示学生如何构建科学解释。海报可以简单地列出解释框架的不同要素或给出它们的定义。例如，图4-3展示了一个海报的例子，呈现了观点、证据和推理的定义。这样的海报既可以在初始课程介绍框架时使用，也可以增加到后面的课程中对已学过的内容进行提示。此外，海报还可以包括图示，比如之前提到的三年级教师开发的图标（观点———一个问号；证据——学生透过放大镜看的图标）。随着学年教学的推进，海报的内容可以增加或修改。例如，如果最初海报只介绍了观点和证据，学年的后期可以增加推理。还可以在学年中学习不同科学主题时，在海报上添加具体的例子。例如，如果在"简单机械"这一单元介绍框架的使用，海报上可以包括距离和力等证据的示

科学解释	观点：基于证据（来自数据中的规律）回答问题。
	证据：支持观点的数据。
	科学推理：用原理说明整个故事。

图4-3　张贴在教室的科学解释海报

例。如果下一个单元聚焦于生物多样性，海报上就要增加其他证据的例子，如物种数量和生物的适应性（如颜色）。这种图示应该作为学生的资源，帮助他们理解怎样在科学写作中证明自己的观点。

其他写作支持

除了写作支架和海报外，与我们一起合作研究的教师还设计了很多其他有创造性的写作支持策略，帮助学生写出更有说服力的科学解释。下面具体介绍两种策略，它们能有效地帮助在科学解释框架的不同方面有困难的学生。

论证多个选项。随着学生书面科学解释经验的积累，他们能理解观点要用证据和推理来证明。但是，他们仍然会对什么是可靠的证据和推理感到困惑。为了帮助学生评估不同证据和推理的可靠性，我们与小学教师马丁一起开发了一个策略，让学生选择并论证什么是最可靠的观点、证据和推理（McNeill，Martin，2011）。图4-4介绍的是一个多项选择策略的例子。五年级学生先测试了不同变量对降落伞降落速度的影响。实验后，学生以小组为单位，选择他们认为最可靠的观点、证据（2个）以及推理。设计具体选项时，教师考虑了大多数学生经常遇到的困难。

在"观点"方面，选项C是合适的选择，因为它包含了降落伞下落得最慢的具体尺寸（2500平方厘米）和材料（塑料袋）。选项A中的"最好的材料"描述不明确，可见在观点中包含具体细节的重要性。选项B说明尺寸和材料很重要，但它没有明确回答"怎样才能使降落伞下降得最慢？"的问题。对这些选项进行分析和讨论能帮助学生理解观点中应包含的具体细节，以及回答核心问题的重要性。

"证据"部分的选项B和选项D为该观点提供了最可靠的证据，因为它们包含学生在不同研究中获得的具体数据（即时间）。选项A和选项E包含对实验或结果进行概括性描述的证据，但没有具体的数据。选项C包含一个与现实生活相关的例子，但同样缺少具体数据，如学生实验过程中的数据以及其他人使用尼龙材料研究得到的数据。选项F更侧重个人叙述或讲述研究中有趣的故事。当然，让学生享受他们的科学实践经历是很重要的，但这种情感体验并不能帮助他们判断"怎样设计会使降落伞下降速度最慢"。对不同的选项进行论证有助于学生理解具体数据在证据中的重要性。

引言	你已经完成了不同变量（大小和材料）如何影响降落伞降落速度的测试。现在，需要和小组同学一起讨论，回答以下问题：怎样设计会使降落伞下降速度最慢？圈出最合理的选项。
观点	圈出其中一个选项。 A. 我们的降落伞下降得最慢，因为我们会使用最好的材料。 B. 降落伞的尺寸和材料会影响下降的快慢。 C. 2500平方厘米的塑料降落伞下降最慢。
证据	圈出其中两个选项。 A. 我们做了很多不同的降落伞，测试了它们降落到地面所需的时间。 B. 2500平方厘米的降落伞用了5.2秒落地，1600平方厘米的降落伞用了4.1秒落地，900平方厘米的降落伞用了3.6秒落地，而400平方厘米的降落伞只用了2.1秒落地。 C. 真正的降落伞是由尼龙等结实的材料制成的，空气穿不过去，这样的降落伞下降更慢。 D. 塑料袋做的降落伞落地用了4.3秒，硬纸板做的降落伞落地用了3.5秒，棉花做的降落伞落地用了2.7秒。 E. 我们的实验表明，伞面最大的降落伞和塑料袋做的降落伞下落得最慢。 F. 制作和测试不同的降落伞很有趣，因为我们可以尝试很多不同的想法。
推理	圈出其中一个选项。 A. 数据表说明了怎样制作降落速度最慢的降落伞。我们发现：与其他三个降落伞相比，最大的降落伞下降速度较慢。我们还发现：与硬纸板和棉花做的降落伞相比，塑料袋做的降落伞下降速度较慢。 B. 降落伞应该用塑料做成2500平方厘米大小，因为这样空气阻力最大。大降落伞下落时会遇到更多的空气，所以它下降更慢。塑料袋没有让很多空气穿过材料，所以下降慢。空气阻力越大，降落伞下降的速度就越慢。 C. 重力使跳伞运动员向地面坠落，他们需要使用降落伞才能安全降落到地面上。我们做实验是为了找到哪种降落伞最能保证跳伞者的安全。研究发现，用塑料制成的大降落伞下降得最慢。

图4-4 选择式学习单

"推理"部分，选项B是合理的，因为它用空气阻力的"大概念"解释了为什么证据能支持观点。选项A中有对证据的总结，但缺少科学大概念。选项C中有重力的科学概念，但是并没有解释为什么证据支持观点。论证这些选项能帮助学生理解合理推理的两个不同特征——解释为什么证据支持观点，并用相关的科学概念进行论证。

最终的目标是让学生写出自己的科学观点，并用合理的证据和推理证明它。因此，我们不建议只使用选择题的形式为学生提供支架。不过，我们也发现，这种进行选择的方式能帮助学生有效地论证观点、证据和推理中不同选项的质量，是帮助学生写出更具说服力的科学解释的又一重要工具。

检查和论证证据。正如前文所提到的，学生可能很难理解科学解释中什么才是有说服力的证据和推理。与我们合作的罗伯茨老师设计了一个学习单（见图4-5），

关注证据和推理

问题：蝴蝶是昆虫吗？

观点：是的，蝴蝶是昆虫。

首先，请在支持该观点的所有证据的方框内打钩。然后，写出该证据支持观点的理由。

如果证据不能支持观点，则写上"不是重要证据"。

证据	□蝴蝶的成虫有翅膀。
推理	_____
证据	□蝴蝶的成虫有触角。
推理	_____
证据	□蝴蝶的翅膀上有多种不同的颜色。
推理	_____
证据	□蝴蝶有腿。
推理	_____
证据	□蝴蝶吸食花蜜。
推理	_____
证据	□蝴蝶有六条腿。
推理	_____
证据	□蝴蝶由卵、毛毛虫和蛹发育而来。
推理	_____

图4-5 学习单：检查并证明证据的合理性

帮助三年级学生理解合理的证据和推理。学生在课堂上学习了有关昆虫的知识，列出昆虫的各部分特征：所有昆虫都有六条腿，昆虫有外骨骼，大多数成年昆虫有触角。昆虫的生命周期有四个阶段，大多数昆虫有翅膀。罗伯茨老师希望三年级学生运用他们学过的昆虫知识，确定哪些证据能够支持"是的，蝴蝶是昆虫"这一观点。他特意加入了一些选项，要求学生认真思考这些证据是否支持观点。例如，"蝴蝶有腿"不能作为蝴蝶是昆虫的证据，但"蝴蝶有六条腿"则是支持这一观点的合理证据。让学生做这样的选择能激励他们思考为什么这个证据能支持观点。

形成书面科学解释对学生来说可能是一个挑战。我们要设计各种不同的支架，帮助所有学生完成这项复杂的实践。给学生提供多种机会、多种支持，让他们能逐步构建更有说服力的科学解释。

目标是帮助所有学生构建科学解释

本章讨论帮助所有学生（包括母语非英语和有特殊需求的学生）成功构建科学解释的各种策略。这些策略符合通用学习设计（Universal Design for Learning，UDL）框架的建议（Rose, Meyer, 2002）。为了更好地满足所有学生的需求，UDL强调着重考虑以下内容：（1）多种参与模式（multiple modes of engagement）；（2）多种呈现模式（multiple modes of representation）；（3）多种表达模式（multiple modes of expression）。基于这三项建议设计科学课，以帮助所有学生学习，包括那些不同语言或文化背景、有感官障碍或学习障碍的学生。

首先，设计多种参与模式需要运用各种策略，激发学生的学习动机和兴趣进行主题学习。例如，本章开篇帕克老师的教学片段包括引出主题的关键问题"空气流动时会发生什么？"，五年级学生基于此在研究中完成了四项实验，开展了小组及全班讨论。有些学生可能仅仅因为对科学感兴趣或不知道问题的答案而被吸引；其他学生的学习动机可能是在研究过程中对材料有动手操作的经验，或者是因为研究结果让他们产生了认知冲突；还有一些学生可能是因为与同伴一起合作受到了激励。学生参与科学活动的原因各不相同，课堂中运用各种不同的参与策略有助于激发所有学生的学习兴趣。

为了帮助学生加深对科学解释的理解，教师需
要以多种方式呈现解释框架。本书已经讨论了向学
生使用口头和可视化的不同方式呈现框架。就框架
的口头描述而言，无论是全班讨论还是小组讨论，
它既可以来自教师，也可以来自学生。例如，教师

> 学生参与科学活动的原因各
> 不相同，课堂中运用不同的
> 参与策略有助于激发所有学
> 生的学习兴趣。

用于解释什么是证据的语言对课堂上的不同学生来说可能理解起来是不一样的。以
不同的方式描述解释框架的要素有助于学生对该框架形成更好的理解。此外我们还
讨论了写作支架的设计，包括学习记录单、海报，或者张贴在教室墙上的呈现形式
以及其他支持方式（例如，关于观点、证据和推理的选择式学习单）。所有这些都
为框架提供了可视化的呈现方式。如果最初介绍框架时学生不理解，使用不同的呈
现方式有助于学习真正发生。

在科学课中融入多种表达模式，如对话、写作和开展研究，能为学生提供多种
方式展现他们的理解。这样做使所有学生，包括那些有特殊需要的学生，都能够成
功地参与到科学课中（Britsch，Heise，2006）。本章讨论了对话和写作之间相互作
用的重要性。这两种表达形式让学生用不同的方式呈现他们的理解，使教师能够更
深入地了解学生的学业水平。例如，如果一名学生在写作中没有包含支持观点的证
据，但他在课堂讨论中提供了重要的证据，这表明他理解了证据的概念，但在写作
中不能很好地转化这种理解。关于写作，我们特别建议教师采取一些支架式的策
略，帮助学生更加独立、自主地完成科学解释。例如，使用选择式学习单策略让学
生选择证据，或者使用句首语帮助学生拟定科学解释的开头。这些策略在学生最初
写作时常常能提供很大的帮助。

教师既可以选择对所有学生使用相同的可视化呈现、支架或其他支持，也可以
开发个性化的工具满足特殊学生的需求。差异化教学需要基于学生的不同水平构
建课程，帮助不同学生在学业上都获得适当的挑战（Adams，Pierce，2003）。课上
融入多种参与模式、呈现模式和表达模式，能帮助所有学生成功地参与构建科学
解释。

本章关键要点

　　本章描述了帮助所有学生参与构建科学解释的各种策略。首先，讨论了教师的对话策略，及其如何作为支架在全班和小组讨论中使用，如重述学生的想法和提出促使学生使用证据的问题。利用各种对话策略有助于学生的思维可视化，鼓励他们理解科学概念，并提供了与同伴互动互助的机会。书中还介绍了各种帮助学生进行书面科学解释的支持，包括写作支架、可视化呈现、选择式学习单，以及检查和论证证据。课堂上使用各种不同的支持，能帮助所有学生成功地构建科学解释。下一章将介绍支持学生进行科学解释的其他教学策略。在此基础上，后续章节将讨论设计和使用评价任务，以及如何创建一个小小科学家的课堂共同体。

阅读反思与实践

1. 录制一节你突出构建科学解释的课。观看录像并分析教学中使用的对话策略（见表4-1）。你常用哪些策略？不常用的策略有哪些？为什么会这样用这些策略？

2. 为一节突出构建科学解释的课设计一个写作支架。结合写作支架的四个设计关键点，（1）一般性支持和内容支持，（2）细节和长度，（3）逐渐撤去，（4）结构（见表4-3），说说设计的理由。

3. 用可视化的方式呈现科学解释框架，并将其张贴在教室的墙上。谈谈在框架中使用这些语言和图像的理由。

第五章

将科学解释整合到课堂教学中

☑ 构建科学解释的教学顺序

☑ 支持构建科学解释的教学策略

　　如何让学生获取能用于构建解释的科学证据？如何帮助学生进行科学思考、科学讨论和科学写作？哪些教学方法对学生从事这种复杂的实践是有效的？先来看看米汉老师三年级的课堂教学片段。

　　米汉老师的三年级学生正在学习"绿色社区"单元。他希望学生研究堆肥（composting），然后让社区的其他人也了解他们的研究结果。为了了解学生对垃圾和堆肥的已有认识，课程一开始，米汉老师读了一封来自镇政府的信。信中提到社区正在面临的垃圾问题——土地将被填满，有太多的垃圾没办法处理。他问学生："我们怎样处理这些垃圾？"学生聚在一起，分享他们的思考和建议。米汉老师认真倾听大家的想法，看是否有学生知道垃圾会发生什么变化，是否会有人提出有些垃圾能变成土壤或垃圾能被回收。他提示学生要明确垃圾的类别。听完学生的发言后，米汉老师发现许多学生知道垃圾可以被回收利用，并能列出一些可以回收利用的材料。只有少数学生知道哪些类型的垃圾能变成土壤。他们知道食物会变成土壤，却没有学生谈到纸张也可能变成土壤。

　　三年级的学生没有用过"堆肥"这个词，所以米汉老师把这一科学术语作为课程的一部分。他让学生把教室里的垃圾进行分类并保存几天，预测哪些垃圾能堆肥或变成土壤。他在黑板上贴出了本课的关键问题：哪些垃圾会在几周内变成土壤——能堆肥？哪些垃圾不能？学生戴着橡胶手套边对垃圾分类边讨论垃圾是否能堆肥。他们把预测结果记录在科学记录本上。大家分组合作，将选定的垃圾埋在装满土壤的大型透明塑料罐中，并在自己的记录本上画出这些垃圾最初的样子。

　　在接下来的几个星期里，学生向罐子里加水，白天将罐子放在加热灯下。最后，各小组将他们罐子里的土壤和垃圾倒在报纸上，检查结果。学生在记录本上的初始图片旁边画出垃圾几星期后的样子，并在初始预测附近做了笔记。他们把笔记本带到"地毯"（教室里专门进行讨论的区域）上，就观察结果进行科学讨论。全班同学一起努力，从他们的调查结果中构建有证据支持的观点。他们发现："水果和果皮能堆肥，因为罐子里找不到它们，所以我们认为它们变成了土壤。毛巾和纸盘也能堆肥，因为罐子里只找到了它们的一小部分，我们认为它们很快就会全部变成土壤。发泡胶、塑料和金属不能堆肥，因为我们仍然能看到它们，而且它们的大小没有变化。"全班同学把他们的观点和证据写成一个简短的新闻报道。星期一早晨，通过广播与全校分享。通过这种方式，小小科学家们将他们的想法公之于众。

在该教学片段中，米汉老师指导全班进行了一次关于"堆肥"的研究。他认真评估了学生的已有知识，并利用这些信息对教学进行调整。米汉老师旨在为学生们提供一个机会，让他们收集、分析证据，构建关于"堆肥材料种类"的解释，并把所学的知识与学校其他同学分享。在这个教学片段中，我们看到学生先做出预测，然后记录观察结果，这样的探究过程有助于学生构建科学解释。

本章将介绍让所有学生参与有效的科学对话和写作的教学顺序，以通过构建科学解释理解科学概念。该教学顺序列出了实现这一教学目标的基本科学研究实践——提出问题、做出预测、收集和评价数据、基于证据构建观点，以及使用科学原理建立观点与证据之间的联系。在介绍基本的教学顺序之后，我们提供了支持学生构建口头解释和书面解释的教学策略。

构建科学解释的教学顺序

正如本书第三章教学设计部分所讨论的，以构建科学解释的方式教科学要求教师从只关注活动转变为将活动作为证据的来源构建科学解释。在与小学教师的合作中，我们认识到，在科学探究的情境中强调证据和解释对科学教学很有帮助

（Zembal-Saul，2009）。这种方法能够达到第一章描述的科学能力标准2（生成科学证据）的要求。《准备，出发，科学！》一书的作者将标准2描述为"建立和完善科学模型、科学论证与科学解释；设计公平实验，收集、整理和分析数据；构建和维护基于证据的观点"所需的知识和能力（Michaels et al.，2008，p.19）。

表5-1概述了在科学探究中构建科学解释的基本教学顺序。本章后面将更详细地描述该教学顺序的每个组成部分，并用小学课堂教学案例进行说明。一些案例片段来自本书作者之一金伯·赫什伯格的课堂。其中一部分教学案例是赫什伯格老师于2009—2010年任教四年级时录制的，其他的案例是赫什伯格老师在任教四/五年级混合班时录制的。提供这些教学案例不是为了给出教学顺序的一种正确方式，而是为了提供不同年级和不同教学内容"可能的图示"（images of the possible）（Hammerness et al.，2005）。

表5-1 构建科学解释的教学顺序

教学顺序	具体描述
评价已有知识（Assessing prior knowledge）	了解学生对于将要研究的大概念已经知道多少。
提出问题（Framing the question）	向学生提出驱动探究的问题。
做出预测（Making predictions）	让学生对研究过程中会发生什么做出判断。可以将其作为评价已有知识的另一种方式。
收集、记录、解释数据（Collecting, recording, and interpreting data）	为学生提供机会，检验他们的预测，收集和记录数据/观察结果，表达并解释数据（例如，创建一个图表以发现规律）。
构建科学解释（Constructing a scientific explanation）	使用证据创建回答问题的陈述（即观点）。加入推理，进一步说明观点和证据之间的关系。

在接下来介绍教学顺序的每一个组成部分之前，我们会提供一个包含许多要素的教学课例，这样能使读者感受到这个教学顺序是怎样创设情境让学生探索现象并收集数据构建科学解释的。

在教学案例中，赫什伯格老师引导四、五年级学生进行科学探究，并带领全班学生基于收集的证据提出科学观点。这节课是在年初进行的，所以重点是建立证据和观点的联系，而不是推理和反证。教师说明了学生接下来要进行的探究步骤——

尝试用"空气袋"（将吸管一端密封在充满空气的塑料袋中）里压缩空气的力量推动物体。她让学生预测用空气袋能举起和不能举起的四五件东西，并记录在科学记录本的T形预测图[①]上。赫什伯格老师引导学生依据物品的大小和类型等方面对预测进行讨论。由于有些学生不同

构建科学解释的教学顺序

意其他人的预测，全班据此展开了辩论。整个班级已经形成了质疑他人观点的思维习惯，但他们是以尊重他人的态度进行的。

当赫什伯格老师在黑板上记下学生们提出的预测后，她让学生决定怎样记录研究结果。有个学生问道："您的意思是我们应该在能举起的物品一边打√，不能举起的物品的一边打×吗？"全班讨论这样记录是否有意义。这名学生意识到，需要先测试物品才能记录结果。全班开始测试，先测试预测表上"可能举起"的物品，再测试"无法举起"的物品。记录本上的数据将为全班在KLEW[②]图表上形成的观点提供证据。同时，每个学生也将在科学记录本上写下个人的解释。

当观察到空气袋能举起他们预测无法举起的物品时，学生们都特别兴奋。在完成实验探究和数据记录之后，全班学生在地毯上围成一圈，根据他们在探究时收集的观察证据构建观点。赫什伯格老师问学生如何回答这节课的问题"一袋空气的力量有多大？"，有个学生说："它真的很有力量！"教师在KLEW图表上记录了"空气真的很有力量"这一观点，然后让学生提供支持观点的证据。许多学生通过分享他们在记录本上记录的测试结果（重物被举起）做出回答。在该教学片段中，两名学生分享了他们的证据。赫什伯格老师提示学生：袋子里的空气被压缩了。这个观点随后被添加到KLEW图表上的班级观点中"袋子里的空气被压缩时真的很有力

---

① T形预测图将预测与实验数据分成两列，便于学生对比。——译者注
② 本章的后半部分将介绍KLEW图表。

量"。班级图表中包含多个证据来支持他们的观点。

全班继续探究空气袋是否能把坐在木板上的三个人举起来。赫什伯格老师利用这节课帮助学生认识和理解空气的一些性质，作为"空气和航空"单元的起始课。整个探究过程中的预测、数据收集以及讨论都有利于学生成功地找到证据、构建观点，以及在科学记录本上写下个人的科学解释。

在与教师的合作中我们发现，将构建科学解释置于探究的情境中很有帮助。如前所述，小学科学课对活动的重视是有据可查的（Appleton，2005；Davis，Petish，Smithey，2006）。基于对活动的关注，当进行课堂讨论时，教师往往集中在让学生描述自己的观察结果上。观察结果/数据很少被看作构建解释的起点。当我们在本章的后面阐述探究顺序的组成部分时，请关注证据是怎样被定位的。例如，提出怎样的问题取决于哪些证据可供学生用来构建回答该问题的观点。在预测阶段，学生对他们在研究现象时会观察到的事物做出判断。在整个探究过程中，学生系统地参与对现象的研究，然后收集、记录并解释观察结果/数据（证据）。在全班讨论中，学生首先分享他们的观察结果/数据，然后用这些结果作为证据，提出观点。认识到证据在探究过程各方面的重要作用，有利于教师和学生一起构建与科学解释相关的知识和实践（Zembal-Saul，2009）。

评价已有知识

当下的学习观认为，儿童并不是"白板"。相反，他们来到学校时就有了丰富的知识和经验，据此形成新的学习（Bransford et al.，2000）。评价学生在科学方面的已有知识在学习和构建科学解释中有着重要作用。首先，评价学生的已有知识能帮助教师发现学生对要研究的科学概念已经知道了什么，以及对这些概念的错误理解。利用这些信息教师可以调整教学，使之建立在学生已有认知的基础上，解决他们现有理解的局限性。例如，在本章开头的教学案例中，米汉老师发现许多学生知道垃圾可以回收，但很少有学生知道有些垃圾能转化为土壤，没有学生用"堆肥"这个词。在这样的情况下，教师向学生介绍了"堆肥"这一科学术语，并收集恰当的数据，让学生观察食物和纸张的分解情况。

其次，通过对全班学生已有知识的评价，能使学生意识到小组成员观点的多样性。一些学生有相似的思路和想法，而另一些学生则带来了新的观点。学生们互相倾听，将彼此的观点在全班范围内进行碰撞，这些都是很有价值的。

最后，记录已有的知识能帮助学生比较自己对概念的理解是否发生变化。为学生提供反思的机会是学习的重要方面，然而，这在课堂上并不普遍。为了让学生能够将他们构建的科学解释与最初的想法进行比较和讨论，我们建议在单元或系列课程的开始就将这些想法记录下来。

在与低年级教师的合作中，我们了解到材料对激发儿童的思维和想法是很有帮助的。库尔老师设计了一个分类活动，帮助她评价学生的已有知识，暴露他们对磁铁可能存在的错误概念。她问二年级的学生有多少人了解磁铁，所有的学生都踊跃举手。随后，三个学生一组，库尔老师给每个组一箱材料，箱子里有金属（包括磁性和非磁性）以及非金属物品，学生开始了分类活动。请注意，学生此时并没有用磁铁进行测试，而是在预测：什么物品能被磁铁吸引，什么物品不能被吸引。库尔老师倾听学生讨论他们的想法，即如何把磁铁能吸引的材料和不能吸引的材料区分开。她问了学生们一些问题，如："为什么认为这些物品有磁性？你是怎样判断的？"

在分类活动之后，学生聚在一起进行科学讨论。老师让学生分享自己预测的结果，哪些物品能"粘"在磁铁上，哪些不能。当学生分享想法时，库尔老师问班上其他同学是否同意。当班上大多数学生同意某个说法时，库尔老师就把这个想法写在班级记录表中"我们对磁铁的了解"的标题下。如果学生们有疑问或不能达成一致，这些想法就会作为问题记录在"我们想知道什么"的标题下。

库尔老师认为与其问学生他们对磁铁的了解，不如设计一个初步的分类活动，让他们在小组中交流想法。花些时间观察每件物品并听取小组中其他学生的想法，有助于二年级学生澄清"磁铁吸引哪些材料"的观点。当全班进行讨论时，学生就可以基于一定的观点在全班分享，班上的每个学生都能参与讨论，磁铁能吸引什么、不能吸引什么。当他们在观点上达成一致时，也逐步形成了后续探究要解决的问题。库尔老师发现，初始的调查有助于学生对某一主题进行真实而丰富的讨论，这也使她有机会倾听个别学生的想法，注意到学生可能存在的错误概念，如"所有金属都能被磁铁吸引"。库尔老师将这些错误概念作为问题记录下来，以便她在整个磁铁教学单元中设计特定的活动解决这些问题。库尔老师和她的同事在《科学与儿童》杂志上发表了一篇关于这种教学方式的文章（Kur，Heitzmann，2008）。

提出问题

本书第三章讨论了问题在以基于证据构建解释为重点的教学设计中的作用。问题是最基础也是最重要的，因为观点作为科学解释的一部分，是对问题给出的回答。当设计教学时，你需要考虑学生在探究过程中可以获得哪些证据，以及从证据中形成的观点的本质。如果问题过于开放，学生可能无法回答；如果问题过于封闭，答案可能不需要进行系统研究就可以明显得出。例如，在本章开篇的情景中，米汉老师设计了以下问题开展教学：哪些物品会在几周后变成土壤？哪些物品不能用来堆肥？有结构的探究有助于学生观察记录，为他们构建观点提供所需的证据——食品和纸制品会变成土壤，但塑料和金属不会。若是将问题改为"堆肥是怎样发生的？"，问题看起来变化不大，但探究结构不能帮助学生找到回答这个问题的证据。对小学生来说，堆肥的分解过程并不容易看到。

在与教师的合作中我们发现，课堂上成功地将口头和书面科学解释进行整合是很有挑战的（McNeill，Knight，2013），所以这里再次提到问题解释框架。在设计教学时要多花一些时间，确保学生要构建的观点与"问题和可用的数据资源"相一致。从长远来看，这种努力是非常有价值的，鼓励学生以提出探究问题的方式参与到对现象的观察中来很有效。换句话说，为学生创造一些新的体验，让他们对"某事是什么"或者"某事为什么发生"感到好奇，这些疑惑能重新描述为可检验测试的问题。当学生用问题推动探究时，不仅能增强能力，又能激发动机。

在接下来有关教学顺序的描述中，请各位读者重点关注：教师如何使用引导性问题引发预测、收集数据、组织构建解释的讨论。

做出预测

长期以来，预测被认为是在科学课堂开展探究过程的一个基本特征。它不仅与科学实践相一致，而且还可作为评价已有知识的一种手段。在此提出"做出预测"这个问题有两点原因。首先，学生基于自己的想法进行预测，并将预测结果在组内公开讨论，这为学生提供了辩论观点和解释自己想法的机会。此外，学生的预测能成为探究活动的一个跳板。例如，教师鼓励学生检验全班分享的预测，随后进入研究过程的数据收集阶段。其次，随着学生对特定现象经验的增多，他们就能利用所学到的知识为预测提供依据。这种预测方法与科学家的做法最接近。

赫什伯格老师的四、五年级学生已经开始了"简单机械"单元的学习。他们正在研究一个问题：怎样才能举起老师？学生讨论砖头支点应该放在哪里，才能够帮助班上最小的一名学生用木板杠杆举起老师。学生在讨论时产生了分歧，一些人认为砖头应该离学生近一些，另一些人则认为砖头应该离老师近一些。对预测的讨论引发了一个学生的思考："或许两种方法我们都可以试一试！"老师告诉全班同学，我们正是要这样做。她向学生展示了如何做一个带有重物和可调节支点的乐高杠杆，让他们找到确定支点位置的证据，以便举起老师。

在合作测试了支点的位置后，学生们聚在木板杠杆和KLEW（S）表旁边，基于对乐高杠杆的更多了解进行预测。赫什伯格老师让那些认为自己能举起她的学生举手，许多人把手举起来。老师让学生把砖头支点放在他们认为该放的地方，一个学生把它放在了靠近老师的地方。赫什伯格老师问其他学生是否同意砖头摆放在这个位置，这样摆放能否

做出预测

真的把老师举起来。其中一名学生开始怀疑，她认为这真的很难，其他有些学生认为有困难，也有的学生根据他们在乐高实验中获得的证据，认为这事没有困难。

在这种情况下，对预测进行讨论的重点不是支点本身的位置，而是小个子学生是否需要花很大的力气才能举起赫什伯格老师。尽管他们有探究乐高杠杆的经验：当重物离支点更近时很容易举起，可是，当小个子学生踩在木板上就能轻松地举起老师时，大多数学生还是感到很惊讶。

在本课的两个分歧上让学生花时间充分进行讨论、对预测进行辩论，有助于学生理解杠杆的重要组成部分以及支点的位置如何改变所需的力。当学生使用科学术

语讨论预测和想法时，他们能够将这些术语与情境中的概念联系起来。此外，参与预测、用乐高积木进行测试（收集数据）、用观点回答问题，有助于他们在记录本上写出更完整的科学解释。

经常有人问预测和观点之间有什么区别，从根本上说，有两个主要区别。第一个区别是时间上的区别。通常情况下，预测是基于先前的知识和经验在收集证据之前提出的，而观点是在收集证据之后提出的，这些证据源自探究结果或第二手资料，如通过互联网进行研究得到的结果。第二个区别与证据的作用有关。观点是以证据为基础的，在探究之前进行预测能帮助学生构建解释，但它与基于证据构建观点是不同的。

预测还可以更复杂、更可信。在科学上，我们从研究中学到的内容能为之后的预测提供信息，使其更加可靠。这就是我们在赫什伯格老师的课堂一开始看到的。学生们对个头最小的学生能否举起老师以及怎样举起老师做了初步预测，然后他们用乐高积木搭的杠杆进行研究，正是这一研究结果为学生能否举起老师的预测提供了进一步的信息。关于乐高积木的研究和举起老师的实验数据，最终都帮助学生对"力与支点和重物位置之间的关系"形成了基于证据的观点。

收集、记录、解释数据

学生在探究的数据收集阶段通常感到很有趣，甚至非常兴奋。很多需要观察的事物对学生来说很新鲜，因此，他们在此过程中偏离探究方向的可能性非常大。与我们合作的一线教师发现，有目的地分组有利于学生开展有效的探究活动。例如，低年级教师经常使用"实验台"（station）这一形式，因为学生通过识字教学对它很熟悉。教学中尽可能安排一位助教在关键的实验台进行指导，避免学生偏离方向；让他们保持对探究问题的关注，聚焦研究现象的重要方面，将数据记录在小组图表中。高年级教师经常使用科学记录本或研究记录表提示学生注意研究的关键因素并记录数据。有时候，所有小组都进行同样的活动，然后他们提炼数据并在全班进行跨组比较；还有的时候，每个小组从不同的角度研究同一现象。让学生在不同的表现形式之间进行比较并发现规律是一种有效的方法。

无论什么情况，在学生收集数据的过程中，教师的作用都是非常重要的。探究时，教师从一个小组走到另一个小组进行巡视，问一些一般性的问题，如"完成得怎么样？"；或提供技术建议，如"如果你把瓶子侧着拿会看到更好的结果"。研究表明，随着教师在科学教学中更加注重证据和解释，他们提出的问题会更强调数据收集的有效性和对数据的理解（Zembal-Saul，2009）。例如，这样的教师会经常要求小组分享他们的观察结果，以及是否发现了一些规律。他们还会提示学生：如果对测试做一个小修改，会发生什么？以及鼓励学生尝试从数据中构建观点。如果教师在教学中经常向学生提及研究的核心问题，这对于学生提高数据收集和解释的准确度是很有用的。

> 随着教师在科学教学中更加注重证据和解释，他们提出的问题会更强调数据收集的有效性和对数据的理解。

　　值得注意的是，即使是低年级学生也有能力设计"公平测试"的实验，由他们自己决定测什么和怎么测。本书在这里不是要描述教师怎样支持这个过程，有许多优秀的资源可供教师使用以帮助学生设计实验（见Harlen，2001；Metz，2000）。相反，我们的目的是强调收集数据的重要性，它是构建合理解释的基础。特别是提供多种机会让学生参与到对现象的研究中来，帮助他们发现规律以及将数据与对问题的回答建立联系。在这个过程中，教师的作用是至关重要的。

　　为了说明如何利用"实验台"让学生探索同一现象的不同表现形式，让我们回到库尔老师的二年级课堂，看看他们是怎样探索固体和液体性质的。库尔老师带着学生一起回顾了上节课分别装满固体和液体材料的水瓶的分类活动。她注意到，有些材料是学生在固体和液体分类中认识的，并向学生解释道：他们将在不同的实验台做四次测试。设置不同的实验台是为了让学生有多个机会观察和测试不同条件下的固体与液体。库尔老师打算利用学生的观察提出关于固体和液体的观点，然后利用这些观点帮助学生理解最初分类活动中的未知物品。学生们以小组为单

收集、记录和解释数据

位，在四个不同的实验台中轮流工作。所有的实验台都有装着固体或液体材料的瓶子（瓶子并未装满）。在第一个实验台，学生将固体和液体倒入塑料碗中，观察并讨论它们的变化情况（以下简称"碗"实验台）。第二个实验台有一个天平，老师让学生对固体和液体的重量进行描述或预测（以下简称"天平"实验台）。在第三个实验台，学生将材料倒入一个透明的塑料水杯中并搅拌，观察发生了什么（以下简称"触摸"观察台）。在最后一个实验台，学生用放大镜观察固体和液体，并将固体和液体倒入小培养皿中，这样他们就可以通过触摸进一步研究（以下简称"放大镜"实验台）。

　　学生在参与这种固体和液体的动手操作观察时，分享他们的想法和观察结果。当各小组从一个实验台轮换到另一个实验台时，有成年人[①]在图表上记录他们的观察结果。当学生们被问及在"放大镜"实验台观察到的固体的情况时，他们会回答以下一些说法："它们有形状"，"它们会弹起来"。在"碗"实验台，学生们清楚地看到液体的形状会随着容器而改变，但固体不会。在"天平"实验台，学生们预测液体会像羽毛一样轻。但令他们感到惊讶的是，橙汁瓶竟然比积木瓶重。依据在"放大镜"实验台和"触摸"实验台的观察，库尔老师问学生："触摸液体感觉如何？"学生回答："湿的！"所有这些观察结果都被记录在图表上，这样学生就有了观察和数据记录，之后讨论观点和证据时就可以使用这些图表中的信息。

　　在所有的小组轮流通过各实验台后，学生们聚在一起分享他们的数据。因为他们对每一个实验的测试都有多个观察结果，所以能够在各实验台发现规律，这有助于他们提出关于固体和液体的观点。库尔老师先提示学生倾听每个人的表达很重要，然后组织大家讨论。她问同学们："关于固体，你都知道什么？"一个学生说："固体有固定的形状。"库尔老师请她描述她是怎样知道的。学生解释道："泰迪熊一直是泰迪熊的样子"。库尔老师引导该学生利用实验台测试的结果进行汇报，并要求她用证据支持自己的观点——塑料泰迪熊在所有测试中都能保持形状不变。在她的这些测试中，塑料泰迪熊一直保持它的形状：在碗里会堆积起来，在水中不发生变化，等等。在上述实验过程中，学生有多个机会与材料互动收集数据，他们可以从大量示例和数据中找出规律，最终构建关于固体和液体的观点。

---

① 帮助库尔老师的成年人是学生的家长或助教。库尔老师在课前为他们写出问题以及支持小组的建议。

构建科学解释

本书讨论了书面解释与口头解释的动态相互作用（见第四章）。研究证据表明，对小学生来说，学习是从"说"开始的（Bransford et al., 2000; Duschl et al., 2007）。更具体地说，当学生参与讨论时，他们从证据中共同构建观点并评价这些观点，这是在协商探讨隐含的科学概念的意义。因此，对低年级学生、刚开始构建科学解释的中高年级学生，以及在语言方面需要额外帮助的学生（如母语非英语或有特殊需要的学生），建议把全班讨论作为构建科学解释的初始情境。一直以来，科学活动后的讨论总是被忽视。尽管在经历实验阶段的乐趣和兴奋之后继续尝试实验很吸引人，但要记住适时的讨论才有助于意义的形成。所有的学生都需要有机会将他们的观察与相关的科学概念建立联系，这些联系必须通过讨论有意识地建立起来，而不是听之任之完全凭由学生的理解。

> 尽管在经历实验阶段的乐趣和兴奋之后继续尝试实验很吸引人，但要记住适时的讨论才有助于意义的形成。

组织有效的科学讨论是教师最具挑战性的课堂实践之一。正如本书第三章所提到的，提前了解内容故事线，特别是教师打算让学生构建的科学解释，可以作为引导课堂讨论的有力工具。此外，张贴学生试图用解释回答的探究问题，保留探究过程中测试和数据收集阶段的一手材料，可提高讨论的有效性。我们建议教学时先让学生分享数据/观察结果，特别是当每个小组在活动中观察不同的现象时，这可能会花一些时间，在某些情况下，学生还可能会对他们的观察结果产生分歧。这时我们把实验材料拿出来，让一个学生向全班演示测试过程，分歧就能解决。在使用材料进行测试时，各小组操作的不同点往往会被学生发现，并能据此针对控制变量进行有效讨论，从而获得更可靠的数据。

进行到这里，传统意义上的科学讨论已经结束。虽然学生已经分享和讨论了数据，但我们要注意的是，学生并没有把数据作为证据去构建解释。深吸一口气，继续努力，这就是学习发生的地方。当学生分享了他们的数据/观察结果后，再次提出试图要回答的研究问题很重要。在科学讨论中，学生往往会出现许多有趣的故事，也会走一些弯路，所以用问题设定研讨范围是一种有效的方法。只要有可能，让学生分析数据、发现规律，并将其作为观点建立的基础推进讨论。当学生试图表达合

理的观点时，教师的对话策略
对于帮助全班评价这些观点至
关重要。例如，在本书教学
片段中经常会听到这样一些
对话策略，"你同意还是不同
意？""你的证据是什么？"。
这些问题鼓励全班学生思考自
己和同学提出的观点，以及它
与现有证据的一致性。

基于证据提出观点

　　课上，格雷格老师组织一年级学生进行科学讨论。在研究了三个声音实验台之
后，学生构建了振动和声音之间关系的解释。格雷格老师是学校所在地区小学科学
和数学课程的协调员，不是班里的固定老师，所以孩子们上课时都戴着姓名牌。三
个声音实验台的实验分别是：在水中使用音叉、拨动小提琴的琴弦、在桌上敲击尺
子。学生们通过实验观察三种不同物体产生声音的方式。格雷格老师把学生聚集
在一张图表前。她在图表上写下了"观点"和"证据"，并在"证据"一栏标上了
1至3的数字，这样就可以引导学生用多个证据来支持观点。格雷格老师首先要求学
生回答本节课的问题：是什么产生了声音？学生给出了回答，并分享了他们在实验
台观察到的振动产生的声音。格雷格老师叫了几个学生描述振动的现象，他们准确
地描述了自己对振动的观察，即物体快速地来回移动。然后，教师引导全班回到最
初的问题上，以便学生能够共同构建一个观点。师生一起创建了观点：我们听到的
所有声音都是由物体振动产生的。

　　接下来，格雷格老师问道："我们是怎么知道的？今天看到的什么现象能证明
我们的观点？"一个学生解释了自己观察小提琴的现象，另一个学生通过快速来回
移动手描述尺子是如何发出声音的以及尺子是怎样移动的。格雷格老师在图表上记
录了这些证据。最后全班讨论音叉的振动，将第三个证据添加到图表中。讨论结束
时老师让学生重读证据进行强化。

　　这次探究中使用的三个声音实验台为这些低年级学生提供了有意义的实践经
验，学生们以此作为证据构建振动和声音之间关系的观点。案例中也可以明显地看
出，一些学生在探究之后的科学讨论中参与了构建科学解释的过程。学生渴望分享

他们的观察结果，在讨论对声音的理解时，他们像科学家一样"思考和行动"。倾听同伴的意见、基于证据共同构建观点，帮助学生巩固了他们对科学概念的理解。对于中高年级学生，我们建议引导他们在此基础上进一步讨论，并将科学原理纳入科学解释中。

支持构建科学解释的教学策略

当学生参与探究过程并使用证据构建科学解释时，教师还可以使用其他教学策略进一步支持这种实践。使用教学策略能强化解释框架的各要素，或鼓励学生对解释进行评判，深入发展他们对相关科学概念的理解。接下来将提供四个关于教学策略的例子：（1）介绍科学解释的框架；（2）使用KLEW（S）图表；（3）评判教师提供的解释样例；（4）对同伴提供的解释进行辩论。

介绍科学解释的框架

麦克尼尔及其同事（2006）的研究表明，向学生明确介绍科学解释框架（CER）很重要。与我们合作的一些教师喜欢在学生构建科学解释之前介绍框架的要素；还有一些教师则习惯先为学生提供一些体验活动，然后再介绍该框架的术语。此外，也有一些其他的方法用来介绍该框架，如使用日常生活中的例子来帮助学生理解观点、证据和推理的定义。无论什么时候、以什么方式介绍该框架，将框架的各要素及定义制作成图表或其他可见的形式贴在教室里是一种极为有效的方式，以便学生进行科学写作和讨论时参考（见图4-4）。

本书第二章介绍的教学片段提供了一种向学生介绍科学解释框架的方法。赫什伯格老师喜欢先让学生参与科学探究，从中学生熟悉"从数据中得出结论"。这样，当教师正式介绍解释框架的要素时，学生很容易联系起以前的经验。通过全班讨论，教师与学生一起回顾科学解释框架的要素，并帮助他们为每个要素给出初步的定义。然后，赫什伯格老师用学生的解释制作一张海报。整个学年，这张海报都贴在教室里，供全班同学在讨论和书写科学解释时参考。

另一种介绍科学解释框架的方法是使用日常生活中相关的例子。在下面的例子中，格鲁伯老师以当时的流行歌手贾斯廷·比伯为例，帮助六年级学生理解科学解释的各个要素。

首先，格鲁伯老师在视频网站YouTube上播放了一首热门歌曲《宝贝》（*Baby*）的音乐视频。然后，她在黑板上写下观点："贾斯廷·比伯是有史以来最好的音乐家。"学生们对这一观点反应强烈，说："那贝多芬呢?""这是你的观点!"格鲁伯老师让学生认真思考她的观点，并解释为什么它是一个观点。一名学生回答说，观点是一种陈述，并在格鲁伯老师的提示下补充说，它是一种回答科学中某些问题或难题的陈述。老师澄清道："在这种情况下，我们不是在回答一个科学问题，而是把关于贾斯廷·比伯的观点作为理解科学解释要素的一种方式。"格鲁伯老师要求学生思考她的观点所回答的问题是什么，学生认为该观点回答的问题是："谁是世界上最好的音乐家?"

格鲁伯老师继续和学生讨论道："怎么说才能让我的观点更合理?"有个学生建议，老师应该用观察结果和数据支持这个观点。另一个学生提出了"证据"这个词。格鲁伯老师写道："证据——使用观察结果和数据支持观点。"接下来，格鲁伯老师提供了一些具体的证据支持她关于贾斯廷·比伯的观点。她列举了贾斯廷·比伯在YouTube网站上的视频有数百万的点击量，以及他在2009年获得了22个音乐奖项。全班讨论了这些证据的价值，一个学生质疑道，人们观看他的视频并不一定意味着喜欢他，也许是为了取笑他，大家认为这一质疑是有说服力的。第二个关于他获奖的证据学生们认为是"好"证据。

最后，格鲁伯老师介绍了科学推理的概念，以此解释为什么证据支持观点。学生们认为获奖是说明某人优秀的一种方式。格鲁伯老师补充说："获奖意味着某人是最好的。因为贾斯廷·比伯获得了22个音乐奖项，所以说他最好。"然而，一名学生继续反驳格鲁伯老师最初的观点"贾斯廷·比伯是有史以来最好的音乐家"，他认为，格鲁伯老师没有证据证明贾斯廷·比伯在所有音乐流派中都是最好的，如古典音乐或乡村音乐。另一个学生补充说，在2009年获奖并不能说明他是有史以来最好的音乐家。格鲁伯老师利用学生们的论证，介绍了"科学对话"（science discourse）这一术语，并指出不同的意见有助于大家提出更好的观点，重新审视自己的证据。最后，格鲁伯老师将自己最初的观点改为"贾斯廷·比伯是2009年最受欢迎的流行音乐人"。并非所有学生都同意修改后的观点，但他们至少认为基于给出的证据，格鲁伯老师的观点表达得更准确了。

使用KLEW（S）图表

在基于证据构建观点的过程中绘制解释图，对学生和教师而言是一种有效的教学策略。对学生来说，记录观点及其与整个单元的证据和推理的直接关系能帮助他们在科学概念之间建立联系。对教师来说，他们可以在进行教学设计时就开始绘制某一单元的解释图，这有助于他们授课时协调好单元的各部分内容，始终把所讲内容的连贯性放在首位（Zembal-Saul，2009）。我们修改了一个有名的阅读理解策略，即KWL（Ogle，1986），用于科学教学。在最初的KWL策略中，学生记录他们已经知道什么（K），想知道什么（W），以及学到了什么（L）。我们对此进行了修改，设计了KLEW（S）图表用于科学教学。

在科学版的KLEW图表中，重点是建立观点和证据的联系（见表5-2）。K栏用于记录对已有知识的自我评价，即**"我们认为我们知道什么"**。学生最初的想法无论在科学上是否准确，都可以在探究和构建解释之前记录下来。我们发现，当学生对科学有了更深的理解时，把图表的这一栏作为工具来反映学习发展情况是很有用的。KLEW图表的第二栏（L栏）描述了**"我们学到了什么？"**。这一栏通常是在一系列的研究后，记录整个单元形成的观点。尽管这是图表的第二栏，但它不一定是教学顺序的第二步。学生首先要收集、记录和讨论他们的研究数据[①]，这些数据记录在下一栏**"你的证据是什么？"**（E栏）。在教学实践中，我们发现用箭头将L栏中的观点与E栏中的相关证据连接起来是很有帮助的。最后一栏（W栏）是疑问，用来记录学生在探究和科学学习的其他方面遇到的问题，特别是那些待验证的问题，能够延伸到另一节课来重新讨论和研究。此外，许多与我们合作的教师将错误概念写入"疑问"一栏，避免学生出错。

---

① 请注意，实际上我们认为数据不一定就是证据，当数据与观点建立联系时可作为证据，但我们不要求学生做这样的区分。

表5-2　KLEW（S）图表各要素

要素	描述
已经知道了什么（K）（Know）	记录已有知识，进行自评，如问："对____你认为自己知道些什么？"
学到了什么（L）（Learning）	这是观点栏，记录基于已学对研究问题的回答。
证据（E）（Evidence）	当学生在提出观点之前分享他们的观察结果，证据就被添加到图表中。图表上的箭头用来连接观点和多个证据。
疑问（W）（Wonderings）	在学生提出需要验证的问题时，就将其记录下来，并尽可能在单元学习的合适时间点进行验证。在探究过程中会出现新的需要验证的问题。错误概念可以被重新表述为需要验证的问题。
科学原理（S）（Scientific principles）	整个单元的科学概念添加到这一栏。在讨论中，推理能进一步阐述观点和证据之间的联系，从而帮助我们建立一个更完整的解释。

我们自最初发表的《在科学教学中使用KLEW图表》的文章后（Hershberger，Zembal-Saul，Starr，2006），又增加了一栏科学原理，使其成为KLEW（S）图表。新的一栏（S栏）强调推理的重要性，以及在建立观点和证据之间的联系时需要借助科学概念。我们在教学中经常让学生参考一些资源，如参考书或互联网上的科学网站，生成关于科学原理的清单，这样他们可以在构建解释时使用该清单进行推理。

图5-1显示了四年级班级在"简单机械"单元中绘制的KLEW（S）图表样例。请注意，它包括了科学原理（S）栏。也可以修改KLEW（S）图表，让它适用于低年级学生或在语言上需要特别支持的学生。例如，一位教师用图像符号提示学生回顾每一栏的重点——大脑代表"我们认为我们知道什么"；灯泡代表"我们正在学习什么"；眼睛代表"我们的证据是什么"；问号代表"疑问"。除了将KLEW（S）图表用于不同年级和不同背景的学生以及课堂讨论之外，该图表还可以帮助学生进行科学写作。学生常常通过科学讨论构建科学解释。我们建议高年级学生更进一步，在科学记录本上尝试用自己的话写出观点、证据和推理。

在接下来"寻找规律"这一教学片段中，KLEW（S）图表用来帮助学生构建科学解释。赫什伯格老师的四、五年级学生在"电"单元对导体和绝缘体进行研究。课前，学生以小组为单位对实验箱中的材料进行预测、分类和测试，并将结果记录在科学笔记本上。赫什伯格老师则将结果添加到班级数据表中，该表分别列出

图5-1　四年级"简单机械"单元学生记录的KLEW（S）图表

了物品、材料、预测和结果几栏。课程一开始，赫什伯格老师问学生，你们能否用数据中发现的规律回答这个问题：哪些材料能让电流通过？学生注意到，所有的金属材料都能让电流通过。教师用红色记号笔强调材料和结果的规律。她让学生用他们找到的证据回答问题。有个学生详细描述了金属使灯泡工作的情况。教师把它作为证据记录在班级KLEW（S）图表上。

重读了研究问题后，赫什伯格老师让学生提出观点回答这个问题。有的学生说："金属材料有助于电流的流动。"接下来，教师重新引导全班学生再次查看他们的数据表，找出规律回答第二个问题：哪些材料不能让电流通过？学生们在记录表对应的结果栏中填写不能让电流通过的材料种类，赫什伯格老师在KLEW（S）图表中增加了相应的证据。"纸、塑料、木头、金属氧化物和玻璃不能让电流通过，所以

寻找规律

灯泡不亮。"有的学生要求把"绝缘体"这个词加到关于证据的陈述中。

接着，赫什伯格老师在KLEW（S）图表的S栏中列出了与电有关的概念和原理，并让学生思考导体和绝缘体材料中的原子发生了什么。一个学生指出："绝缘体材料中的原子比导体中的原子更稳定。"教师借用一本关于电学的书讲述了绝缘体的信息，学生据此知道他们关于原子的想法在科学上是正确的，新的科学原理就被添加到KLEW（S）图表中。赫什伯格老师补充说："绝缘体是一种能紧紧抓住电子的材料，所以电子不会在原子之间移动，阻止了电流流动。导体是一种不能紧紧抓住电子的材料，电子在原子间移动形成电流和完整的电路。"

在对数据进行讨论并在KLEW（S）图表中加入证据、观点和科学原理之后，学生在他们的"能量和电"记录单上写下了相应的科学解释（见图5-2）。每个学生都有一个印有观点、证据和推理的便利贴，可以将填写好的便利贴贴在关于导体

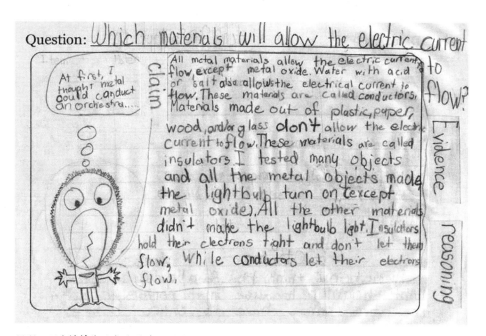

问题　哪些材料能让电流通过？

观点　除了金属氧化物，所有金属材料都能让电流通过。酸或盐的水溶液可以让电流通过。这些材料叫导体。塑料、纸、木头、玻璃等材料不能让电流通过，这些材料叫绝缘体。

证据　我测试了许多物体和所有的金属物体，除了金属氧化物，都能点亮灯泡。其他材料都不能点亮灯泡。

推理　绝缘体紧紧地抓住了电子，不让它们流动，而导体让电子流动。

图5-2　用便利贴标记的CER科学记录单样例

和绝缘体的记录单上，这样一来科学解释框架的所有部分都包括在内。学生们利用KLEW（S）图表中S栏中的描述，写出"导体和绝缘体中的电子"来补充推理。例如，一个学生写道："当导体形成电路时，电子就会流动，灯被点亮；但当有绝缘体时，电子就不会流动，电路不完整，绝缘体不能让电流通过，灯不能被点亮。"当学生们用便利贴标记解释框架的各个部分时，一些学生会意识到他们缺少解释框架的某个部分，从而有针对性地修改记录单使其更完善。

评判教师提供的解释样例

对解释样例进行讨论和评价能为学生提供有说服力的科学解释模型和缺乏说服力的科学解释模型。这是一种有效的教学策略，能帮助学生更好地理解什么才是有说服力的观点、证据和推理。此外，教师也可以有目的地设计一些例子，体现学生在解释框架的不同要素上常遇到的困难。比如"证据"部分，学生可能会在具体测量及其细节方面有困难，就可以设计一个有关测量的例子，鼓励全班讨论如何改进。

在下面的教学片段中，赫什伯格老师带着全班研究"简单机械"单元的滑轮。研究前，她希望学生在KLEW（S）图表中加入关于斜面的观点和证据。教学开始，老师和学生一起回顾了解释框架的各个要素，有学生指出要素分别是观点、证据和科学原理。赫什伯格老师指着教室里张贴的图表（上节课制作的）说："观点是根据证据回答问题的。"接下来，赫什伯格老师向全班解释道，她提出了三种不同的观点，让学生回顾所学知识并确定哪一种观点应该放在KLEW（S）图表上。赫什伯格老师把三种观点贴在黑板上，分别标为A、B、C，让学生阅读。几分钟后，学生分享自己的选择。赫什伯格老师让一个学生解释为什么选择A。该学生指出，他读了A和B两种观点，指出观点B没有提到距离。他强调："距离是非常重要的。"老师请另一个学生分享他的想法，这个学生重点分析了观点C，指出了其中的错误信息。他解释道，斜面通过增加距离减小作用力而不是相反的方式。赫什伯格老师问："你是怎么知道的？"这个学生回顾了能够证明这一观点的所有做过的实验。

又有几个学生分享了他们的想法。一个女孩同意距离是重要的，另一个女孩重申了力和距离的关系。教师又继续让后一名学生解释自己的想法，这个学生提到通过对杠杆的研究，发现了类似的力和距离的关系。赫什伯格老师肯定了学生从不同的简单机械中发现的规律。考虑到大家都认同观点A，老师就把它移到KLEW（S）图表的L栏中，并问学生还需要在图表中添加什么来构建科学解释，有个孩子回答说"证据"。老师再一次与全班分享

评判教师提供的解释样例

她事先准备好的例子。学生们查看了关于证据的陈述，并用手势表达自己的选择。

虽然关于教学片段的介绍到此结束，但我们可以感受到学生对教师提供的关于观点和证据的例子进行评价是多么有效。通过询问学生是否同意他人的观点、提示他们解释自己的想法，全班学生都有机会接触到重要的科学概念以及了解同伴如何思考这些概念。这种方法不仅有助于教师示范如何评价框架的组成部分，而且学生也参与了对同伴的想法给出建设性的批判意见，有助于建立积极的学习共同体。

对同伴提供的解释进行辩论

对同伴提供的解释进行辩论包括让学生在班上分享他们的科学解释，对解释的不同部分进行评价，并就最有说服力的解释应该包括哪些内容达成共识。这一过程不仅可以帮助学生提高科学解释的质量，还能鼓励他们倾听彼此的想法，在学习共同体内部达成一致。

在赫什伯格老师的四年级课堂，学生以小组为单位，使用测力计收集不同类型滑轮产生的数据，然后在小组中根据数据写出观点和证据。当全班聚在一起进行科学讨论时，老师请大家评价其他同学的观点和证据。学生梅森先分享了他们组关于定/动滑轮的观点。他拿着记录单读道："定/动滑轮通过减小力和改变拉力的方向帮助我们做功。"随后，学生巴伦读出他们组写的另一个观点来反对这一观点，认为应该包含更远的距离。巴伦认为拉动重物的绳子的数量很重要。艾莉森她们组的

观点包括直接提起重物与用滑轮提起重物的比较。她认为，对"增加什么和减少什么"做出说明是很重要的。乔指出，第一组的观点没有包含距离，而他们组的观点没有包含直接提起重物。所以全班决定使用第三组的观点并将其写在KLEW（S）图表上。

赫什伯格老师让学生分享他们的证据，继续进行科学讨论。凯拉读了他们组的证据，以及用来收集数据的材料。但另一个学生质疑他们组的证据没有包含任何具体的数据。随后，赫什伯格老师要求学生提供具体的数据。梅森先读了自己纸上写下的关于数据的陈述，然后口头描述了他记录单上的数据。很显然，他所用的证据并没有写在纸上，但他能清楚地表达所提供数据的意义。巴伦对梅森所分享的内容进行了补充，他认为证据需要包括拉动重物的确切距离。

这个活动是在"简单机械"单元教学即将结束时开展的。本单元的课程有意地设置了脚手架，以便学生利用他们的已有经验独立地或以小组的形式写出观点和证据。学生很乐意倾听大家观点中体现出的具体信息，以及可作为证据的特定数据。通过小组合作，学生们共同构建观点和证据，并尝试在写作中加入更多细节。分享结束后，赫什伯格老师在KLEW（S）图表上记录了各小组构建的科学解释，而学生则回到自己的座位上，在个人解释中加入更多细节。

本节讨论的四种教学策略——介绍科学解释的框架、使用KLEW（S）图表、评判教师提供的解释样例以及对同伴提供的解释进行辩论，都可以成为进一步支持学生构建科学解释的工具。通过在教学中使用各种支架和策略，借助不同的途径，能帮助所有学生完成构建科学解释这一有价值的过程。

本章关键要点

前几章讨论了参与构建科学解释的重要性、解释框架的作用、在科学课程中为科学解释提供合适的机会、为科学讨论和科学写作提供不同类型的支持。这一章描述了可以融入教学中帮助所有学生构建科学解释的各种教学策略。本章首先描述了帮助学生参与构建科学解释的教学顺序：（1）评价先前的知识；（2）提出问题；（3）做出预测；（4）收集、记录和解释数据；（5）构建科学解释。随后介绍了支持学生学习的各种教学策略，包括介绍科学解释框架、使用KLEW（S）图表、对教师提供的解释样例进行评价以及对同伴的解释进行辩论。教师并不会在一堂课中使用所有的教学策略，我们认为教师可以根据需求选择使用这些策略，帮助班上所有学生论证他们在讨论和写作中提出的观点。下一章将集中讨论使用解释框架设计评价任务和标准，评价学生的学习情况、提供建设性反馈并调整教学，以更好地满足所有学生的需求。

阅读反思与实践

1. 设计一节科学课，包含表5-1所示的教学顺序的五个组成部分。思考：这与你过去设计的科学课有什么相似和不同？这节课是怎样帮助学生构建科学解释的？

2. 在你的课堂中融入评判教师提供的解释样例或对同伴提供的解释进行辩论两种教学策略，学生们注意到了其中观点、证据和推理有哪些合理和不合理的地方？

3. 与学生一起创建KLEW（S）图表（见表5-2），哪些方面对他们来说比较容易，哪些方面比较困难？

第六章

设计评价任务
和标准

　　如何设计评价任务评估学生构建科学解释的能力？怎样利用评价数据指导科学教学？下面是加西亚老师二年级课堂上的教学片段。

　　加西亚老师的二年级学生正在学习"磁铁"单元。他在这一单元重点阐述了课标①中的以下关键科学标准条目：

　　　　磁铁互相吸引、排斥，也会吸引其他某些材料。（NRC，1996，B：1/4，K—4）

　　此外，他强调帮助学生使用课堂研究中获得的证据构建和评判观点：

　　　　用数据构建合理的解释。（NRC，1996，A：1/4，K—4）

　　加西亚老师想要评价二年级学生对这两个重要科学标准的理解情况。此外，他希望学生回顾整个单元中所做的研究，以及记录的所有观点和证据。加西亚老师刚参加完NSTA（美国科学教育协会）的年会，年会给了他一些启发，他决定以科学会议的形式来做评价。这不仅可以评价学生对整个单元的理解，还能为学生提供在共同体中分享科学研究结果的机会，就像科学家在现实世界中所做的那样。第二天早上，加西亚老师向学生介绍了单元评价的任务。

加西亚老师	同学们，早上好！我刚参加完一个科学会议，大家猜猜我在那儿做了什么。
萨姆	做了很多实验吗？
奥利维娅	穿着实验服？

---

① 指1996年版《国家科学教育标准》，美国现行使用的是《新一代科学教育标准》（*Next Generation Science Standards*）。——译者注

加西亚老师	实际上，大部分时间我是坐着听其他科学老师谈论他们正在学习和做的事情。咱们关于磁铁的课程快结束了，我想让同学们召开自己的科学会议。每个同学和自己的同伴一起合作，穿上实验服，从我们的磁铁图表中选择一个观点进行解释，展示自己对磁铁的了解。
马塞尔	我们要用很多真的磁铁之类的东西吗？
加西亚老师	当然，我参加过最有意思的工作坊是科学家们向我们展示真实的实验情况。
胡安妮塔	我想研究磁场。
杰克	我也是！太酷了！
林	我想让环形磁铁跳舞。
加西亚老师	你的观点是什么？
林	那个……磁铁可以相互吸引和排斥。
加西亚老师	有什么证据支持你的观点？
林	我们让环形磁铁相互排斥，这样它们在可以在铅笔上跳舞。
加西亚老师	你还记得有什么证据支持磁铁相吸相斥的观点吗？
林	嗯……
加西亚老师	让我们一起看一下图表中的"观点"一栏，然后决定哪些同学愿意为某个观点写脚本[①]。

（全班同学决定谁来写哪个观点，加西亚老师把他们的名字写在便利贴上，贴在图表上的相应观点旁边。）

加西亚老师	你们认为脚本应该包含哪些内容？
奥利维娅	包含一些材料，展示我们要做的事情。
加西亚老师	是的，你可以列一个材料清单。我们还应该在脚本上写些什么？

[①] 此处的脚本指学生对科学会议的详细描述，展示科学研究过程中每一步的具体做法。——译者注

萨姆	也许像做介绍那样，比如"女士们，先生们"。
加西亚老师	你可以把这个写进去，不过这是一个科学会议，你认为科学家们会写什么？
马塞尔	证据，我们需要证据！这样人们就会明白这些事情我们是怎样知道的。
克劳迪娅	是的，科学家有数据，所以人们会相信他们——比如我们得到了哪块磁铁磁力最强的数据。我准备写这个。
加西亚老师	听起来你们很多人对举办科学会议有好主意。我给你们每个人一张纸，和同学一起列出所需的材料，写出谁要提出观点、谁要分享证据。至少想出两三个能支持观点的证据。

这个教学片段说明了教师如何设计评价任务，评价学生对关键科学概念和科学解释这两个基本目标的学习情况。通过精心设计评价任务，学生的思维在科学讨论（如本案例）和科学写作中清晰可见。本章将讨论设计书面和口头科学解释评价任务的五个步骤。这些步骤中包括制定专门的评价量规，这是向学生提供学习反馈的重要工具。本章还将用两个不同的例子说明这些步骤在讨论和写作活动中是如何实践的。最后，探讨如何应用"观点—证据—推理"框架在更多非正式科学讨论中评价学生的理解情况，这对小学低年级的学生特别有益。

评价设计过程概述

不管从何种角度来看，评价都是课堂教学的重要组成部分。通常，人们从形成性评价和总结性评价两方面进行讨论，让学生参与构建科学解释能实现这两个目的。形成性评价有助于学生思维的可视化，这样教师就可以利用这些信息来做出反馈并调整教学（NRC，2001）。让学生在讨论或写作中构建科学解释，能帮助我们深入了解学生是怎样从他们收集的数据中提出观点以及如何证明这些观点的。总结性评价通常是在一个单元或一个主题结束后进行，为衡量学生对于特定目标表现的达成度提供标准（NRC，2001）。科学解释作为重要的总结性工具，可用于评价学生在深入理解科学内容及构建科学解释方面是否达成了学习目标。

　　本章将介绍科学解释评价任务的开发和设计过程，以及获得评价数据后怎样为教学提供反馈。开发和设计评价任务的过程包括以下几个步骤（见表6-1）。我们先确定并解读与评价相一致的内容标准，然后确定科学解释任务的水平等级，比如我们是否希望学生使用多个证据或者包含推理。接下来，确定各等级的学习表现，把具体的科学内容与"观点—证据—推理"框架结合起来。最后，编写评价任务并制定评分标准，说明对科学解释框架不同组成部分的预期目标。书中将用两个例子更详细地说明这些步骤，一个例子是五年级学生构建的"力与运动"的书面科学解释，另一个例子是四年级学生制作的"电和电路"的播客[①]。选择这两个例子是为了说明，科学解释既可以通过传统的纸笔测试进行评价，也可以通过不同的科学讨论活动进行评价。使用多种不同的方式评价学生的学习情况，能更准确地衡量学生的理解水平。特别是对于母语非英语的学生，他们可能很难在传统的纸笔测试中表达自己所学的科学知识（Olson et al.，2009）。

表6-1　科学解释评价任务的开发和设计过程

步骤	内容
第一步	确定并解读内容标准
第二步	选择科学解释的复杂度水平
第三步	设定学习表现
第四步	编制评价任务
第五步	制定具体的评价量规

第一步：确定并解读内容标准

　　设计科学评价任务的第一步就是确定与教学目标相一致的内容标准，并解读标

[①] 在校园广播中分享自己的学习成果。——译者注

准中的关键科学概念。该标准是国家标准、州标准还是地区标准，取决于所在学校的政策。教师要考虑怎样评价以及在相关教学中如何实现标准中的内容，使评价与标准相一致。

此外，做好这一步还需要教师深入思考关于科学目标的问题。解读标准的过程包括两部分：（1）思考标准中的科学概念；（2）确定与标准相关的学生常见的相异概念（alternative conceptions，也译作相异构想）。正如本书第三章提到的，科学学习目标不是一个简单的主题，如"种子"主题。相反，学习目标要更深入一些，比如"种子是植物的一部分，它包含植物宝宝（胚胎）的保护层和储存的食物，在合适的条件下能发育成新植物"。这个学习目标更深入地描述了与种子有关的科学概念，这些概念对小学生来说很重要。

确定与标准相关的学生常见的相异概念也非常重要。学生根据自己的日常生活经验，会产生很多想法，这些想法可能与科学概念不一致（Driver，Guesne，Tiberghien，1985）。从科学上来说这些想法并不准确，因此通常被称为相异概念或错误概念（misconceptions，也译作迷思概念）。例如，学生可能认为任何小的物体都是种子（如纽扣），或者任何小的食物都是种子（如通心粉）。在设计评价任务时，我们想知道学生是否还持有这些相异概念。获得这些信息对为学生提供反馈及据此开展后续教学至关重要。因此，在设计评价任务时，我们有时会有意将相异概念纳入其中。

五年级的写作案例：解读"力与运动"的内容标准

第一个是五年级的案例。学生使用《儿童的科学与技术》（*Science and Technology for Children*，STC）教材学习"运动与设计"单元（NSRC，2003）中的"力与运动"，这一课位于单元的中间部分。鲁宾逊老师决定围绕"力的大小如何影响小车运动"，设计与科学探究相一致的写作提示作为形成性评价。她重点评价了学生的两个表现：一是对力和运动概念的理解；二是用适当的证据和推理证明观点的能力。具体来说，这一评价设计符合《科学素养的基准》（AAAS，2009）中内容标准的前半部分，即力越大，运动的变化就越大，见表6-2。

表6-2 解读"力与运动"的内容标准

标准	明确标准	学生的相异概念
力越大，运动的变化就越大。物体的质量越大，所施加的力的影响就越小（AAAS, 2009, 4F/E1bc）。	·推力和拉力是常见的力。 ·更大的力是指更大的推力或更大的拉力。 ·力越大，物体运动的变化越大，如物体运动得更快、更慢或改变方向。	·学生认为物体本身具有力，不受推力或拉力大小的影响（Driver, Squires, Rushworth, Wood-Robinson, 1994）。 ·学生认为运动只有两类——动和不动，不考虑物体的速度（Driver et al., 1994）。

为了理解这个标准的前半部分，学生需要知道：推力和拉力是常见的力；更大的力是指更大的推力或更大的拉力；力越大，物体运动的变化越大，如物体运动得更快、更慢或改变方向。这些概念对学生来说是有难度的，因为他们通常认为物体本身具有力（例如，汽车有一个力），而没有认识到推力和拉力是常见的力（例如，当我的手推汽车时，施加了一个力）。还有一种常见的相异概念，学生认为物体只有动或不动两种状态，没有考虑到物体的速度。鲁宾逊老师想让她的学生收集数据并写出科学解释，证明力的大小与小车的速度变化成正比。

四年级的播客案例：解读"电"的内容标准

第二个是四年级的案例，学生完成了"能量与电"单元的学习。作为该单元的总结性评价，佐佐木老师决定让她的学生制作播客。她认为，播客是一种让学生回顾和解释本单元所学知识的极好方式。通过使用这种创造性的形式，能够鼓励在科学学习方面有困难的学生把他们的想法呈现出来，参与到对科学概念的讨论中。她希望通过设置这一评价形式，让学生分享关于能量与电的观点，课堂上进行的研究将作为支持观点的证据。她设计的评价与《国家科学教育标准》（NRC, 1996）中的电学标准一致，如表6-3所示：电路是能让电流通过的完整回路。本单元的学习主要聚焦在标准中点亮灯泡和完整电路两部分，所以评价的重点是标准中的这些内容。

表6-3   解读"电"的内容标准

标准	明确标准	学生的相异概念
电路中的电可以产生光、热、声和磁效应。电路是能让电流通过的完整回路（NRC，1996，B: 1/3，K—4）。	·电是能量的一种表现形式，可以产生光。 ·电路是电流流动或移动的路径。该路径由能让电流通过的材料组成（如金属）。也有一些材料不能让电流通过（如橡胶）。 ·为了使电路连通（如点亮灯泡），必须有能让电流通过的完整回路。如果回路中有一个缺口，或者回路中的材料不允许电流通过（如橡胶），那么它就不是一个完整的电路。没有完整的电路，灯泡就不会亮。	·学生认为，灯泡只需要与电池相连就能发光。从电池到灯泡需要有一条直线路径，但不是一个完整的回路或圆（Grotzer，Perkins，2005）。 ·学生认为绝缘体材料也能让电流通过（如橡胶），他们还会对一些物体（如灯泡）的内部有疑惑。

佐佐木老师希望她的学生能理解完整电路的概念，即电路是能让电流流动或通过的完整回路，是没有缺口的。她知道有些学生对这一概念的理解有困难，因此在本单元开始时她首先提出了学生持有的一种相异概念，即灯泡只需要以直线路径（而不是圆形）连接到电池就能发光。佐佐木老师希望学生在他们的播客中能提供证据，证明"点亮灯泡需要完整电路"的观点。

第二步：选择科学解释的复杂度水平

本书第二章介绍了科学解释框架的多种变式，教师可以根据学生的经验水平和对构建科学解释的熟练度选择使用合适的框架（变式）。在设计科学解释评价任务时，必须考虑学生的回答需要包含哪些变式。表6-4总结了四种不同变式的科学解释框架。

表6-4   四种不同变式的科学解释框架总结

变式	框架描述
变式1	1. 观点 2. 证据

续表

变式	框架描述
变式2	1. 观点 2. 证据 　·多个
变式3	1. 观点 2. 证据 　·多个 3. 推理
变式4	1. 观点 2. 证据 　·多个 3. 推理 4. 反证

变式1关注的是解释框架的前两个要素，即观点和证据。使用此框架时，需要学生应用证据证明他们的观点。变式2在证据方面变得复杂一些，鼓励学生使用一个以上的证据支持观点。变式3包含推理，学生要应用合适的科学概念解释证据是怎样支持观点的或为什么支持观点。变式4加入了反证，即学生还要讨论不同的观点，并提供相应的证据和/或推理，说明其他的观点为什么不正确。考虑把哪种框架变式作为学习目标能帮助教师设计出最佳的问题，从而为学生使用这些框架要素提供机会和帮助。

除了考虑使用科学解释框架的变式之外，关注学生在使用该框架时遇到的问题也是很有益的。例如，如果学生在科学解释中很难使用多个证据，教师就要在问题的设计或提供的帮助上更有针对性，鼓励学生考虑使用多个证据。

五年级的写作案例：对科学解释复杂度水平的考虑

鲁宾逊老师希望班上的学生能够用证据和推理证明他们的观点。因此，评价的重点聚焦在变式3，包括观点、多个证据、推理。整个学年，鲁宾逊老师的学生都在科学解释的推理部分感到有困难。因此，她将教学重点放在帮助学生在推理中加入科学概念和科学用语上。在设计"力与运动"的评价任务时，她希望学生能够使用科学概念，即"力越大，运动的变化就越大"。学生能使用概念，就说明他们理解了在运动实验中得到的数据。

四年级的播客案例：对科学解释复杂度水平的考虑

在佐佐木老师的课上，她重点关注了解释框架的第2个变式，因为她的学生刚开始学习构建科学解释，变式2更适合他们。佐佐木老师希望学生在构建观点时能从课堂上完成的研究以及科学记录本上的数据图表中寻找证据，当学生能熟练使用观点和证据时，再学习阐明证据为何支持观点。同时，她更希望这些四年级的学生能用多个证据支持观点，这就是为什么她把重点放在变式2而不是变式1上。在学生的播客中，佐佐木老师希望他们不仅能提出关于电路的观点，还能用研究中的证据证明这些观点。

第三步：设定学习表现

> 学习表现结合了科学内容和科学探究实践，清晰阐述了学生对知识的应用情况。

解读完科学内容标准并选择一定的科学解释框架复杂度之后，下一步就是设定学习表现[①]。正如本书第三章所讨论的，设定学习表现是教学设计的一个重要步骤，因为它促使教师按照"学生如何在特定环境中应用科学知识"具体阐述学习目标。学习表现结合了科学内容和科学探究实践，清晰阐述了学生对知识的应用情况（Krajcik et al.，2008）。本书中，我们特别关注基于构建科学解释的科学探究实践。因此，设定学习表现要将科学知识内容与为学生选择的解释框架的复杂度结合起来，这样就能阐明学习目标，指导教师编写评价任务和相关的评分标准。

---

① 学习表现的设定能有效地测评学生的学习效果。2022年版科学课程标准注重"教—学—评"一致性。这一部分可以作为教学评价设计的参考。——译者注

五年级的写作案例：设定学习表现

鲁宾逊老师的这节科学课聚焦在"物体受到的力越大，该物体的运动变化就越大（例如，走得更远或更快）"这一概念上。然而，该节课的目标不是让五年级学生仅仅说出这个科学概念，而是让他们应用这个概念理解力与运动。表6-5阐明了相应的科学内容如何与框架的变式3（即观点、证据和推理）结合起来，设定具体的学习表现，体现学生的学习目标。

表6-5 "力与运动"的学习表现[①]

内容标准×	科学解释= （科学探究标准）	学习表现
力越大，运动的变化就越大。物体越重，所施加的力的影响就越小（AAAS，2009，4F/E1bc）。	使用数据构建合理的解释（NRC，1996，A：1/4，K—4）。 交流研究和解释（NRC，1996，A：1/5，K—4）。	学生构建科学解释，提出物体运动的观点。以数据的形式提供证据，说明施加在物体上的力和物体所做的运动（如运动的距离、速度或方向），并推理出力越大物体的运动变化就越大。

该学习表现明确在实施评价时应该让学生有机会：（1）提出关于物体运动的观点；（2）提供证据，即支持这一观点的数据，包括力的大小和物体运动的变化；（3）进行推理，明确使用科学概念解释为什么证据支持这一观点。学习表现也为学生的写作提供了明确的目标。

四年级的播客案例：设定学习表现

四年级学生即将结束"能量与电"单元的学习，佐佐木老师设计了播客的形式评价学生。佐佐木老师制定的目标是：让学生对"电路中点亮小灯泡需要什么"这个问题提出观点，并为观点提供证据。她不希望学生只是简单地描述他们所学到的概念（像闭合回路的定义）；相反，她希望学生使用在研究中观察到的结果和收集

① 内容标准×科学解释=学习表现，表头的符号"×"和"="是为了突出学习表现的含义。

到的数据作为播客素材的一部分，向大家证明各组成部分及其特性在电路中的重要性。表6-6展示了这个目标的学习表现。该学习表现将标准中与电路相关的科学内容和科学解释框架的变式2相结合，其中包括对观点和证据的关注。

该学习表现具体说明：学生在播客中应该能够展示他们所学到的关于电路的知识，以及使用证据支持观点的能力。

表6-6　"电路"的学习表现

内容标准×	科学解释= （科学探究标准）	学习表现
电可以产生光、热、声、和磁效应。电路是电流通过的完整回路（NRC，1996，B：1/3，K——4）。	使用数据构建合理的解释（NRC，1996，A：1/4，K—4）。 交流研究和解释（NRC，1996，A：1/5，K—4）。	学生围绕"电路中点亮小灯泡需要什么"构建科学解释。提出观点（如完整的回路），阐述从研究中观察到的"什么材料及其结构使灯泡发光"的证据。

第四步：编制评价任务

前面三个步骤为评价任务的编制提供了明确的指导。评价任务既可以作为学生学习的形成性评价，也可以作为总结性评价。解读内容标准能促进教师思考评价目标中的主要科学概念；选择框架的复杂度水平有助于教师考虑学生要达成的目标，即在科学解释中应该包含哪些要素；设定学习表现时要结合具体内容和科学解释的学习目标，明确学生在科学写作或对话中应达成的标准。这些步骤可以指导教师开发评价任务。此外，评价任务的开发还需要考虑学生在对话或写作中构建科学解释的实际情境。

说到情境，学生要围绕特定的现象或研究（如玩具车的运动）构建科学解释，而不只是关注科学概念（如力能使物体加速）。要尽可能选择学生熟悉的情境，让学生回顾已完成的研究，也可以让学生使用二手数据（即从书上或互联网上收集的数据）写出科学解释。情境的选择应该考虑学生熟悉的现象。例如，如果学生住在从不下雪的地区，就不建议用滑雪作为探究摩擦力的情境。

就写作与对话而言，这两种交流方式对小学生来说都是必不可少的。选择使用哪种交流形式取决于教师设定的学习目标，以及学生在对话和写作方面的经验。也可以在一年中交替使用不同的形式，为学生提供对话和写作的多个经验与机会，同时也为教师提供不同的方法评价学生的学习效果。

五年级的写作案例：评价任务的编制

鲁宾逊老师在"力与运动"单元教学内容的中间部分，设计了一个形成性评价任务。此前对内容标准的解读帮助她明确了评价的关键目标：力越大，物体运动的速度或方向的变化就越大。教材中的学习任务侧重于对速度的认识，因此，她想让学生明白更大的力可以使物体运动得更快。在解释框架的使用方面，鲁宾逊老师最近一直在班上使用变式3。基于以上考虑，她希望评价任务包括：让学生提出由多个证据证明的观点并进行推理，解释为什么证据支持观点。结合"力与运动"主题，学习表现说明了证据和推理的具体内容。在具体情境方面，鲁宾逊老师基于课堂上"探究小车的运动"这一情境评价学生进行科学解释的能力，学生改变施加在小车上的力，并对它的运动进行观察记录。最后，鲁宾逊老师将重点放在这些五年级学生的写作上，跨内容领域的写作是他们学校的教学重点，她希望帮助学生更好地完成这方面的科学写作。图6–1描述了学生在写作提示下完成的研究。

学生做的小车就像下面这样：

研究中，小车末端的绳子与挂在桌子上的垫圈相连。垫圈的重量与驱动小车移动的力直接相关。学生改变挂在桌子上的垫圈数量，研究垫圈重量（即力的大小）和小车速度之间的关系。具体来说，鲁宾逊老师要求学生分别用2个垫圈、4个垫圈、8个垫圈和16个垫圈测试小车的移动情况。完成研究后，她提醒学生写下包括观点、证据和推理的科学解释。

垫圈的重量会改变小车的速度吗？

图6-1 "力与运动"评价任务

"垫圈的重量会改变小车的速度吗？"该问题引导学生在两种可能的观点中选择一种，要么与力直接相关的垫圈重量确实改变了小车的速度，要么垫圈重量没有改变小车的速度。在证据方面，鲁宾逊老师希望学生能够使用多个证据支持观点。因此，在设计研究活动时，她让学生用不同数量的垫圈进行四次实验。这些证据能让她评价学生是否持有关于力和运动的两个常见错误概念：（1）力是物体的性质；（2）运动分为两类——运动和不运动。最后，在推理方面，鲁宾逊老师希望学生利用课堂上学到的关于"力与运动"的科学概念，解释为什么他们的证据支持观点。这个评价任务的设置，有助于五年级学生展示他们学到的力与运动以及科学解释的知识。

四年级的播客案例：评价任务的编制

在"能量与电"单元学习结束时，佐佐木老师设计了一个总结性评价任务。通过对"电"相关内容标准的解读，佐佐木老师认为单元的重点是让学生明白"点亮小灯泡需要完整的电路（或回路）"，"有些材料能让电流通过，有些则不能"。此外，对标准的解读也指出部分学生的错误概念，即"只要将小灯泡的一个接触点用导线连接到电池上，小灯泡就能被点亮"。因此，佐佐木老师很关注学生在播客中关于如何点亮小灯泡的想法。在解释框架的使用上，她使用的是变式2，希望学生能为观点提供多个证据。学习表现帮助佐佐木老师明确了要在"什么材料及结构能使灯泡发光"的观察研究中寻找支持观点的证据。最后，教师为学生提供机会让他们制作播客，用科学对话分享学到的能量知识。在这一过程中，教师重点关注学生对观点和证据的使用；同时，鼓励学生使用研究过程中的图画和照片作为证据支持观点。图6-2展示了佐佐木老师在全班讨论中是如何向学生介绍评价任务的。

将评价任务设计成播客的形式，可以鼓励学生与同伴进行科学对话。他们必须互相交流，确定要提出什么观点，以及如何证明这些观点。学生还需要使用照片、图画和海报等方式展示证据。通过公开想法（将播客链接展示在班级网站上），这些四年级的学生要思考如何想办法说服听众，使他们相信自己的观点是合理的。这会鼓励学生思考自己证据的可靠程度，以及什么证据对其他人最具有说服力。尽管佐佐木老师使用"能量"单元的 KLEW 图表介绍播客形式的评价任务。她把学生分成不同的小组（每组4人），让他们创建播客，分享学到的电学知识。具体地说，她鼓励学生使用图表中的"L"栏（即他们所学的内容）作为观点进行陈述，利用他们在课堂上开展的研究为观点提供证据。在电学概念方面，她希望学生围绕"点亮小灯泡的电路需要什么？"提出观点。

图6-2 "电路"评价任务

他们的讨论经常包括推理——运用科学概念指出为什么证据支持观点，但这不是本次评价的重点。由于学生对这种科学探究实践还不够熟悉，佐佐木老师只让学生在发言中阐明观点和证据。对更有经验的学生可以扩大评价范围：在播客中不仅包括推理，还包括反证。

第五步：制定具体的评价量规

设计评价任务的最后一步是使用观点、证据和推理框架制定具体的评价量规（rubric），明确对学生的回答应该关注什么。我们通过改编可用于不同内容领域的基础评价量规，制定了具体的科学解释评价量规（McNeill et al., 2006；McNeill & Krajcik, 2012），包括四个不同的组成部分：观点、证据、推理和反证（见表6-7）。使用基础评价量规设计具体的科学解释评价量规时，要基于评价任务选择合适的解释要素及复杂度，并预设理想的学生回答，从解释框架和科学内容方面对学生提出明确的期望。通常可使用基础评价量规和理想的学生回答来开发具体的科学解释评价量规。

就解释要素的数量而言，科学解释评价量规的评价维度可以包含两个组成部分（观点和证据）、三个组成部分（观点、证据和推理）或四个组成部分（观点、证据、推理和反证），其数量取决于教学时所用的框架变式。对于每个组成部分，评价标准包含多级水平，这些水平取决于具体的评价任务和学生的相关经验。

表6-7　科学解释的基础评价量规

等级水平	观点	证据	推理	反证
说明	回答初始问题的描述或结论。	支持观点的科学数据。数据必须合理且充分地支持观点。	联系观点和证据的正当理由。运用合理且充分的科学原理表明为什么把数据作为证据。	识别、描述其他的解释，提供反面证据和推理说明为什么其他解释不正确。
变化：从1到5　水平	观点错误或没有观点。	没有提供证据或提供了不合理的证据（证据不能支持观点）。	没有推理或推理不合理。	没有做出其他解释。没有提出反驳或反驳不正确。
	提出正确但不完整的观点。	提供了合理但不能充分支持观点的证据。可能包含一些不合理的证据。	提供了联系观点和证据的推理。可能包含一些科学原理或证据支持观点的理由，但并不充分。	能做出其他的解释，在提出反驳时提供了合理但不充分的反面证据和推理。
	提出正确且完整的观点。	提供了合理且充分支持观点的证据。	提供了将证据与观点建立联系的推理。包含合理且充分的科学原理，解释为什么证据支持观点。	做出了其他的解释，在提出反驳时提供了合理且充分的反面证据和推理。

资料来源：McNeill & Krajcik（2012），p. 114。

　　例如，证据部分的最高水平是："提供了合理且充分支持观点的证据。"如果学生在创建科学解释方面经验较少，可使用解释框架变式1。这种情况下，一个证据就是合理且充分的。如果学生水平较高，可以要求他们提供多个证据。这种情况下，证据的多少由学生能获得的实际数据决定。在某些情况下，可能两个证据就足够了，但在其他情况下，可能五个证据才够充分。根据评价任务的情况，评价量规中的等级数量也有所不同，最高分值也因组成部分的数量和每个组成部分的等级数量有所不同。例如，评价量规可能包含两个部分，每个部分有三个等级水平（最高分6分）；四个部分，每个部分有两个等级水平（最高分8分）；或者三个部分，每个部分有不同的等级水平，如观点有两个等级水平，证据有四个等级水平，推理有三个等级水平（最高分9分）。我们将用五年级的"力与运动"案例和四年级"电"的案例作具体说明。

五年级的写作案例：制定具体的评价量规

在五年级"力与运动"的写作评价任务中，鲁宾逊老师希望学生在回答"垫圈的重量是否会改变小车的速度？"这一问题时，答案能包含三个组成部分（观点、证据和推理）。为了开发具体的评价量规，我们首先写出理想的学生回答，包括以下内容：

> 垫圈的重量改变了小车的速度。（观点）当我们放上2个垫圈时，小车从静止状态开始慢慢移动，而且移动得不远。当放上4个垫圈时，它运动得不仅快而且远了。当放了8个垫圈时，它运动得更快、更远。最后，放上16个垫圈，它运动得最快最远。（证据）垫圈的重量与驱动小车移动的力直接相关。垫圈数量越多，力就越大。力越大，小车运动得越快、越远。（推理）

接下来，我们将理想的学生回答与基础评价量规结合起来，确定该评价量规组成部分的数量、每个组成部分的等级水平以及我们希望学生在回答中包含的特定科学内容。表6-8包括了这个评价任务的具体评价标准。

表6-8　"力与运动"的评价量规

等级水平	观点	证据	推理
说明	回答初始问题的描述或结论。	支持观点的科学数据。数据必须合理且充分地支持观点。	联系观点和证据的正当理由。运用适当且充分的科学原理表明为什么把数据作为证据。
0	没有观点或提出了一个错误的观点。例如，"垫圈的重量不能改变小车的速度"。	没有提供证据，或提供了不合理的证据或是模糊的证据，如"数据表明这是真的"或"我们的调查就是证据"。	没有提供推理，或推理不适当，如"什么都没动"。
1	提出了正确但模糊的观点，如"是的"。	提供了以下4个证据中的1个： ·2个垫圈运动得慢（或不运动）。 ·4个垫圈运动得快或远。 ·8个垫圈运动得更快或更远。 ·16个垫圈运动得最快或最远。 也可能包括不合理的证据。	提供了以下2个推理中的1个： ·垫圈的重量与驱动小车运动的力直接相关。 ·放的垫圈越多（或加的力越大），小车运动得越快或越远。

续表

等级水平	观点	证据	推理
2	提出了正确且完整的观点，如"垫圈的重量能改变小车的速度"。	提供了以下4个证据中的2个： ·2个垫圈运动得慢（或不运动）。 ·4个垫圈运动得快或远。 ·8个垫圈运动得更快或更远。 ·16个垫圈运动得最快或最远。 也可能包括不合理的证据。	提供了以下2个推理中的2个： ·垫圈的重量与驱动小车运动的力直接相关。 ·放的垫圈越多（或加的力越大），小车运动得越快或越远。
3		提供了以下4个证据中的3个： ·2个垫圈运动得慢（或不运动）。 ·4个垫圈运动得快或远。 ·8个垫圈运动得更快或更远。 ·16个垫圈运动得最快或最远。 也可能包括不合理的证据。	
4		提供了全部4项证据： ·2个垫圈运动得慢（或不运动）。 ·4个垫圈运动得快或远。 ·8个垫圈运动得更快或更远。 ·16个垫圈运动得最快或最远。 没有不合理的证据。	

观点。问题的描述要具有一定的结构性，让学生能提出两种观点中的一种：垫圈的重量没有改变小车的速度，或垫圈的重量改变了小车的速度。当然，学生也会提出一个模糊的观点。因此，在"观点"部分评价标准包括三个等级水平（0、1和2）。如果学生提出一个准确且完整的观点，如"垫圈的重量能改变小车的速度"，则达到了水平2。如果学生提出一个模糊的观点，如"是的/改变了"，则为水平1。如果学生没有提出观点或提出的观点不准确，则被评为水平0。

证据。学生的书面回答应该包括4个不同的证据。在本研究中，学生分别用2个、4个、8个和16个垫圈测试小车的运动情况，学生的证据应该包括这四种情况下小车运动的观察结果。因此，评价标准有五个等级水平（0、1、2、3和4）。学生分别使用2个、4个、8个和16个垫圈对小车的运动进行观察，并对所有结果进行分析讨论，如果得出每增加一个垫圈，都会使小车运动得更远、更快，这样的证据则可达到水平4。如果学生只讨论了部分观察结果，则对应中间的等级水平（即1、2或3）。例如，如果学生讨论了使用2个垫圈和4个垫圈的结果，没有讨论其他的情况，就达到了水平2。如果学生没有提供任何证据或只提供了模糊的证据，如"数据显示我是对的"，则为水平0。

推理。学生用课堂上学到的与力有关的科学概念解释为什么证据支持观点。在表6-8中，评价标准包括推理的三个不同等级水平（即0、1或2）。如果学生的推理包括这两个部分，就达到最高水平：（1）垫圈的重量与驱动小车运动的力直接相关；（2）放的垫圈越多（或加的力越大），小车运动得越快或越远。推理中包括这两个部分不仅说明学生理解了增加垫圈会改变小车的运动情况，而且说明学生理解了是垫圈作用于小车产生了力。如果学生只讨论了两个部分中的一个，就达到水平1。如果学生没有提供任何推理或只提供了不合适的推理，如写出"什么都没动"，则为水平0。

在制定该评价量规时，我们和执教教师对其细节和复杂度也进行了讨论。例如，在证据方面，如果要求学生说明小车运动距离的具体数值（例如，用2个垫圈，小车行驶了36 cm），那么评价标准就会更加复杂。在这个案例中，鲁宾逊老师决定只要求学生写出对小车变化的初步观察，而无须写出小车运动距离的具体数值，以便他们集中精力研究总体趋势。而另一位教师则认为让学生提出证据时包含具体的测量值很重要。在设计具体的评价标准时，通常需要做出许多决定，这取决于学生的学习背景和经验。

四年级的播客案例：制定具体的评价量规

在四年级学生的播客案例中，教师要求他们提供多个证据提出支持回答"点亮小灯泡需要什么？"问题的观点。因此，理想的回答和评价标准都集中在两个部分：观点和证据。这个案例要求学生做一个播客，写出一个理想的文本回答，这对学生而言实际上很有挑战性。这里我们试图对播客中的理想回答做出描述。

点亮小灯泡需要一个完整的电路。（观点）证据包括研究过程中的电路图和照片，展现学生点亮小灯泡的四种不同方法。所有这四种方法都用一根导线、一个白炽灯泡和一节电池连接形成了一个完整的回路。这四种方法中电路的连接结构各不相同：（1）灯泡的底部连接在电池的正极，导线将灯泡的一侧与电池负极相连；（2）灯泡的一侧连接在电池的正极，导线将灯泡的底部与电池负极相连；（3）灯泡的底部连接在电池的负极，导线将灯泡的一侧与电池正极相连；（4）灯泡的一侧连接在电池的负极，导线将灯泡的底部与电池正极相连。（证据）

为了制定了一个具体的评价量规，我们将该理想回答与基础评价量规结合起来。表6-9呈现了"电路"播客的具体评价量规。

表6-9　"电路"播客的具体的评价量规

等级水平	观点	证据
说明	回答初始问题的描述或结论。	支持观点的科学数据。数据必须合理且充分地支持观点。
0	没有提出观点，或提出的观点不准确，如"只需要一个灯泡"。	没有提供证据，或只提供了不适当的证据或是模糊的证据，如"数据显示我是对的"或"我们的研究就是证据"。
1	提出的观点准确但是模糊，如"我们通过连接导线和电池使灯泡发光"。	使用图画和照片提供了4个证据中的1个。所有这四种方法都用一根导线、一个白炽灯泡和一节电池连接形成了一个完整的回路。 ·灯泡的底部连接在电池的正极，导线将灯泡的一侧与电池负极相连； ·灯泡的一侧连接在电池的正极，导线将灯泡的底部与电池负极相连； ·灯泡的底部连接在电池的负极，导线将灯泡的一侧与电池正极相连； ·灯泡的一侧连接在电池的负极，导线将灯泡的底部与电池正极相连。 也可能包含不适当的证据。
2	提出准确且完整的观点，如"点亮小灯泡需要一个完整的电路"。	使用图画和照片提供了4个证据中的2个。所有这四种方法都用一根导线、一个白炽灯泡和一节电池连接形成了一个完整的回路。 ·灯泡的底部连接在电池的正极，导线将灯泡的一侧与电池负极相连； ·灯泡的一侧连接在电池的正极，导线将灯泡的底部与电池负极相连； ·灯泡的底部连接在电池的负极，导线将灯泡的一侧与电池正极相连； ·灯泡的一侧连接在电池的负极，导线将灯泡的底部与电池正极相连。 也可能包含不适当的证据。
3		使用图画和照片提供了4个证据中的3个。所有这四种方法都用一根导线、一个白炽灯泡和一节电池连接形成了一个完整的回路。 ·灯泡的底部连接在电池的正极，导线将灯泡的一侧与电池负极相连； ·灯泡的一侧连接在电池的正极，导线将灯泡的底部与电池负极相连； ·灯泡的底部连接在电池的负极，导线将灯泡的一侧与电池正极相连； ·灯泡的一侧连接在电池的负极，导线将灯泡的底部与电池正极相连。 也可能包含不适当的证据。

续表

等级水平	观点	证据
4	✕	使用图画和照片提供全部4个证据。所有这四种方法都用一根导线、一个白炽灯泡和一节电池连接形成了一个完整的回路。 ·灯泡的底部连接在电池的正极，导线将灯泡的一侧与电池负极相连； ·灯泡的一侧连接在电池的正极，导线将灯泡的底部与电池负极相连； ·灯泡的底部连接在电池的负极，导线将灯泡的一侧与电池正极相连； ·灯泡的一侧连接在电池的负极，导线将灯泡的底部与电池正极相连。

观点。在该播客中，学生要对"点亮小灯泡需要什么？"做出回答，从而提出观点。准确且完整的观点包括点亮小灯泡需要一个完整的电路或一个完整的回路。学生提出的观点有时是模糊的，虽然描述了"把材料连接起来"的重要性，但这样的描述并不能使教师清楚他们是否理解点亮小灯泡需要一个完整的回路。因此，对于观点的评价标准包括三个等级水平——水平2是观点准确且完整，水平1是观点准确但模糊，水平0是没有观点或观点不准确。例如，水平2的观点可能是"点亮小灯泡需要一个完整的电路"，而水平1的观点可能是"把导线和电池连接起来能够点亮小灯泡"，如果是这样的表述，我们并不清楚学生是否理解需要把材料连接成一个完整的电路。

证据。学生需要提供4个证据支持观点。与五年级"力与运动"的例子相比，这个案例的证据并不完全集中在文字的描述上，还需要学生画出电路图或拍照说明电路是怎样连接的，以支持"点亮小灯泡需要一个完整的电路"这一观点。学生通过研究过程中收集到的数据，表明用四种方法都能点亮小灯泡：（1）灯泡的底部连接在电池的正极，导线将灯泡的一侧与电池负极相连；（2）灯泡的一侧连接在电池的正极，导线将灯泡的底部与电池负极相连；（3）灯泡的底部连接在电池的负极，导线将灯泡的一侧与电池正极相连；（4）灯泡的一侧连接在电池的负极，导线将灯泡的底部与电池正极相连。因此，评价标准包括五个不同的等级水平（水平0—4）。具体水平取决于学生在自己的解释中使用证据的数量。

在制定该评价量规时，我们和教师也讨论了学生的证据中需要包含多少细节。尤其令我们困惑的是，学生是否应该为每一种电路的连接方式都提供电路图和照片，还是只要有电路图或照片就能获得评价标准中的最高水平。由于佐佐木老师鼓励四年级学生在播客中提供电路图和照片这两部分，我们最终决定每个证据中都要有电路图和照片。正如前文所提到的，评价标准的细节程度取决于对学生经验的了解以及对评价任务的组织。在制定评价量规时，我们需要对多个选择进行权衡以做出决定。

使用评价数据为教学提供依据

人们常常认为高利害的标准化测试（high-stakes standardized tests）才是评价，这是一种狭义的看法。实际上课堂中的评价数据能发挥多种作用（NRC，2001）。具体来说，可以关注评价数据的三个用处：（1）使学生的思维可视化；（2）为学生提供反馈；（3）改进教学。当学生在写作或对话中构建科学解释时，这些解释为教师提供了了解学生思维的窗口，能够帮助教师了解学生在科学内容和科学解释方面的掌握程度。向学生提供相应的反馈能帮助他们加深理解。此外，还可以利用这些信息改进教学，更好地满足学生的学习需要。

五年级的写作案例：利用评价数据做出反馈

鲁宾逊老师对学生的写作评价结果很满意，所有学生都能准确且完整地表达出垫圈的重量对小车速度的影响，且所有学生的解释都包含了证据，尽管有些证据并不完整。此外，正如在本章开发评价任务的第二步中提到的，鲁宾逊老师发现学生在解释证据怎样支持观点时或为什么支持观点时，在推理中加入科学概念和使用科学用语方面有很大的困难，因此，这节课她重点帮助学生学习如何做出推理。总的来说，在借助写作进行评价时，虽然有些学生的推理并不完整，但鲁宾逊老师很高兴看到大多数学生都在讨论力与运动的概念。接下来一起看两个例子，看看学生在写作方面存在的实际困难。

五年级学生的例子：不完整的证据和不完整的推理。从图6-3所示的例子中，可以看出学生在证据和推理方面都存在困难。在这个例子中，学生路易莎提出了正确的观点："是的，垫圈的重量会改变小车的速度。"因此，使用评价量规（见表6-8），教师给她打了2分（满分）。在证据方面，路易莎只讨论了她研究的8个垫圈和16个垫圈的测试结果，没有描述用2个垫圈和4个垫圈测试小车时的情况。因此，她在证据方面处于水平2（满分4分）。针对学生给出的不完整的证据，教师要做出反馈，对路易莎提供的证据进行评论或提问，帮助她为观点提供更可靠的理由。例如："你提供了使用8个垫圈和16个垫圈小车发生变化的证据，这非常好。当使用2个垫圈和4个垫圈时，你观察到了什么？"

学生路易莎 2010年2月3日	垫圈的重量会改变小车的速度吗？ 是的，垫圈的重量改变了小车的速度。当我们在小车上放垫圈时，小车移动了一点。当我们放更多的垫圈时，小车运动得更快。当我们放8个垫圈时，小车的运动速度加快。当我们放16个垫圈时，小车的运动速度又加快了。牛顿定律指出：车上加的重量越重，小车运动的速度就越快。

图6-3　五年级不完整的证据和不完整的推理案例

最后在推理方面，路易莎描述了垫圈的重量越大，小车运动的速度越快。特别是她写道："牛顿定律指出：车上加的重量越重，小车运动的速度就越快。"虽然她使用了"牛顿定律"这个词，但路易莎并没有明确指出垫圈的重量与驱动小车运动的力直接相关；相反，她只谈了重量。因此，在推理方面，她处于水平1（满分2分）。教师的反馈意见可以聚焦在让路易莎把力的概念加入写作中。例如："你是对的。垫圈的重量越大，小车的速度变化越大。你应该再具体谈谈力如何影响小车的速度。在你的研究中，是什么起到了作用？"总的来说，路易莎的写作中有一些适当的证据和推理可以支持观点，但她的科学解释并不完整。

五年级学生的例子：不完整的证据和完整的推理。在第二个例子中，学生阿卡尼为观点提供了更可靠的理由，但证据仍然不完整。与路易莎相似，他也给出了正确的观点："是的，垫圈的重量改变了小车的速度。"因此，他的观点也达到了水平2。在证据方面，他讨论了研究过程中使用2个、4个和8个垫圈时小车的运动情况，但是忽略了对16个垫圈结果的描述。因为他讨论了4个证据中的3个，所以在证据方面他达到了水平3。向阿卡尼提供的反馈意见可以将重点放在最后一个证据上。例如："你的解释包含了3个很好的证据，即使用2个、4个和8个垫圈时小车的运动情况。使用16个垫圈时的观察结果是怎样的？多加入一个证据会使你的科学解释更具说服力。"

最后在推理方面，阿卡尼得到了水平2的满分，因为他将垫圈的重量和力之间建立了明确的联系。特别是他在推理中指出："我注意到垫圈的重量越大，力就越大。小车运动得越快。但如果垫圈的重量不大，力就不大。小车运动得很慢。这就是垫圈重量改变小车速度的原因。"虽然阿卡尼在标点符号的使用方面有一些困难，但他关于推理的基本内容是非常有说服力的，他用力的概念清晰地阐述了为什么证据支持观点。

总体来说，鲁宾逊老师对学生的书面科学解释结果感到很满意，这些五年级的学生能够很好地用证据和推理证明观点。与过去相比，他们能更好地把科学语言和科学概念融入写作中。评价反馈出的普遍问题是学生没有使用4个完整的证据，这提示教师今后要向学生强调使用获得的所有证据证明观点。

四年级的播客案例：利用评价使学生的思维可视化

佐佐木老师的学生成功地制作了播客，展示他们在研究电路时学到的内容。在一个四人小组制作的播客中，学生提出了一个合理且完整的观点，并成功地提供了四个证据支持观点。他们在阐述明确的观点之前，给出了通过研究获得的证据，并以三种方式阐述了这四个不同的证据。首先，他们呈现了在研究时画出的点亮小灯泡的四种方法。然后，学生对四种方法中的每一种都进行了详细讨论，且附有一张研究中的照片，并用一张贴有记录的海报说明研究结果。例如，他们在描述第一种方法时说："一种方法是把电池的正极朝上，将灯泡的底部与电池的正极接触，导线的一端连接灯泡的金属外壳，另一端连接电池的负极。"在描述这一方法时，播客中同时展示了照片和海报。对于其他三种方法，该组学生也是这样展示的。因为学生为所有的四个证据都提供了图画和照片，所以他们在证据方面得到了4分（满分）。

在描述研究结果后，学生又明确地提出了一个观点并总结了他们的证据。图6-4包含了播客中这一部分的脚本。学生给出了一个完整且准确的观点："点亮小灯泡需要一个完整的电路。"因此，该组学生的观点达到了水平2。

库尔茨是播客活动中的一名学生，她继续总结了小组为观点提供的证据。由于佐佐木老师没有要求学生的科学解释中包含推理，所以我们不对学生播客中的这一

A:	……那么，关于创建电路点亮小灯泡，你知道些什么？
B:	我们发现点亮小灯泡需要一个完整的电路。
A:	"科学家"汉娜·库尔茨，你有什么证据支持这一观点？
H:	我们的证据是当把电池、灯泡和导线连接到一起时，灯泡就亮了。这个过程中重要的是确保灯泡的底部和金属壳连上，它们是电路的一部分！

图6-4　四年级播客案例

部分进行评价。不过，库尔茨最后对证据进行总结时包含了推理，即为什么证据支持观点：连接灯泡底部和金属外壳的重要性。总的来说，这些学生成功地选用适当的证据支持了观点。

通过非正式的科学对话进行评价

本章围绕学生写作以及播客等正式的科学对话，对其评价标准的开发进行了探讨。观点、证据和推理框架，也能用于评价许多非正式科学对话中学生的理解水平。特别是在低年级，这种评价非常有效，因为写作和其他正式的科学对话对学生来说更有难度。虽然在低年级教师使用非正式评价学生可能不会得到正式的科学成绩，但这些非正式评价使教师能够深入了解学生的学习情况，以及学生在构建科学解释过程中的理解水平（Settlage，Sutherland，2007）。

我们对库尔老师进行采访，她介绍了如何在科学对话中使用观点和证据来评价二年级学生的科学学习情

对低年级的评价

况。她解释说，二年级学生不能详细写出自己的观点，所以要把科学对话作为评价学生的重要工具。当学生在小组内或与同伴进行讨论时，库尔老师通过倾听了解学生能否提出观点并用证据支持观点。在学生对一些现象进行探究和检验后，库尔老师让全班同学聚在一起讨论。她认为，这种对话有助于把每组学生的研究过程集中起来，更好地了解哪些学生真正明白了当天的问题并能够做出回答，哪些学生能用证据支持自己的观点。库尔老师说，她会在学年初把"观点"一词介绍给学生——观点是对问题的回答，证据是知道答案的方式。她解释说，二年级学生显然很喜欢使用"观点"和"证据"这样的词，因为他们希望像科学家一样思考和行动。此外，库尔老师认为她的低年级学生能准确掌握这些词的使用。

作为科学对话的一部分，库尔老师也要求学生展示他们的证据。她解释说，在一次科学对话中，她把学生使用过的一整套实验材料带来，让他们展示观察到的现象，作为支持观点的证据。使用可观察的材料有助于在语言方面有困难的学生观察并展示他们所学的成果。此外，对于那些需要多次观察才能记住概念的学生来说，用材料进行演示可以重复探究中发生的现象。库尔老师还讲述了她如何引导学生对他人的观点持肯定或否定意见，在回应他人观点时不能无理由地同意或反对，除非增加"因为"进一步证明他们的观点。总体来说，库尔老师非常鼓励学生同意或不同意其他学生的观点或证据。在班级构建观点和讨论证据的过程中，全班通常会出现几个观点，库尔老师鼓励学生们认真倾听，然后一起评价哪个观点最好。库尔老师还鼓励学生们尝试把观点和证据写成完整的句子。当全班就这些观点达成一致后，为了让所有学生都能看到，她会将这些观点记录在KLEW图表上。

在采访中，库尔老师还介绍了用科学会议作为另一种方式评价学生的单元学习情况。她的描述与本章开始时加西亚老师的分享相似。库尔老师指出，全班已经开发了很多单元的KLEW图表，如磁铁、光和声音单元，这种评价特别有效。学生分工合作，使用班级KLEW图表中记录的观点和证据，在科学会议上进行分享。教室里摆放着桌子和桌签，学生都穿上实验服（白色衬衫），以圆桌会议的形式坐着。库尔老师对会议进行录像，并将其刻录成光盘，让学生家长能够看到并了解学习内容以及自己的孩子对这些内容的理解程度。因此，科学会议为教师提供了评价学生理解科学内容和科学解释的机会，教师也能据此向家长提供学生的科学对话记录。可以说，科学对话是一种重要的评价形式，让学生用对话和探究材料展示他们在本单元中学到的内容。

本章关键要点

　　本章描述了开发和设计科学解释评价任务的5个步骤：（1）确定并解读内容标准；（2）选择科学解释的复杂度水平；（3）设定学习表现；（4）编制评价任务；（5）制定具体的评价量规。这个过程能帮助教师为学生开发与"关键科学内容和科学解释学习目标"相一致的评价。此外，使用评价量规分析学生的学习成果和表现，有助于学生的思维可视化，帮助教师更有针对性地为学生提供反馈，也为教师后续改进教学、更好地满足学生需要提供帮助。最后，本章描述了观点、证据和推理框架如何在更多的非正式科学对话中作为重要的工具评价学生的学习。下一章也即全书的最后一章，将讨论如何在班级中创建小小科学家共同体，把使用证据和推理支持观点放在首位。

阅读反思与实践

1. 为你的科学课选择一个评价标准，并使用本章提及的五个步骤设计评价任务。

   a. 学生对该科学内容存在哪些相异概念？

   b. 在具体的评价任务中，为什么选择这一解释的复杂度水平？

   c. 把评价任务交给同事，请他们写出理想的学生回答。同事的回答与你写的回答有什么相似和不同？结合同事的回答，你认为有必要修改评价任务吗？

2. 使用具体的评价量规分析学生的写作或科学对话（如播客）。经过分析你发现学生的学习有哪些优势和不足？如何利用这些信息改进今后的教学？

3. 在一次非正式科学对话中，用科学解释框架评价学生对内容和科学解释的理解程度，并思考你的学生有哪些优势和不足。

第七章

培养小小科学家共同体

☑ 参与科学学习的一些规范

☑ 支持教师改进自己的教学

怎样在班级创建学习共同体，让学生进行科学思考、科学讨论和写作？怎样让学生参与制定科学学习共同体的规则？如何在日常教学中不断研究、改进，支持自己的教学旅程？下面是库尔老师二年级课堂的教学片段，让我们边阅读边思考：她是怎样激发学生参与"小小科学家共同体"的兴趣的？

学年初，库尔老师与学生一起讨论了科学家的工作。她问学生："我们把从事科学研究事业的人叫什么呢？"有个男孩回答说"做科学"，然后讲述了使用工具箱中的显微镜观察细菌的故事。学生的回答涉及观察以及使用像显微镜这样的科学工具。由于没有学生用"科学家"这个词回答她的问题，库尔老师告诉学生，做科学的人被称为科学家。"你听说过科学家这个词吗？"许多学生回答听说过。"很好，以后我们会在20号教室做很多科学实验，更多地了解科学家做些什么、是怎么做的。那你认为科学家会做什么呢？"有个学生回答："研究东西。""他们研究哪些东西？"库尔老师问道。学生们回答说，植物、虫子、恐龙、骨头、岩石和矿物。库尔老师追问："研究是什么意思？"一个女孩解释说，这就像做事中发现一些东西，然后把它告诉其他人。另一个学生补充道，就是发现新事物。

经过这次讨论，库尔老师决定给学生们读《什么是科学家》（*What Is a Scientist*）一书。书中介绍了科学家的工作就是提出问题并试图找到答案。他们用感官搜集信息、记录下来、进行测量，并与他人分享研究收获。"课上怎样做才能让我们像科学家那样思考和行动？"库尔老师提出这一问题并建议全班同学列一个清单，列出自己想做的事情。在教师的提示下，学生思考他们想做的事情，使班级更像科学家共同体。他们列出的想做的事情清单内容包括：使用工具、仔细观察、分享想法和材料、提出问题、认真倾听、享受乐趣！

在整个学年，库尔老师多次审视这份清单，并增加了更多具体的内容和示例。正如我们在第五章的教学片段中看到的那样，在"固体和液体"单元的科学讨论前，库尔老师提醒学生为什么互相倾听非常重要。她要求全班同学都认真倾听他人的观点，如果同意，就要支持他（她）；如果不同意，就要说出理由。库尔老师组织学生进行研究，让他们有机会收集并记录数据，从而构建观点。她还用简单的观点和证据图表帮助学生做出科学解释，使他们的研究有意义。每节科学课学生都能参与到科学讨论和实践中。

这个案例片段说明，即使是低年级孩子也能把自己当成科学家，参与科学实践。库尔老师在学年初向学生介绍了基本的科学实践，在此基础上，随着教学的推进，库尔老师在学年中陆续介绍科学解释框架的组成部分。学生积极参与到创建学习共同体的愿景中，并确定了共同体成员的参与方式。通过这种方式，确保他们在共同体中的个人利益和集体利益。本章重点讨论建立和保持一种提倡与重视有利于学生构建科学解释、理解科学现象的社会互动的班级文化的重要性。培养这种能有效构建科学解释的小小科学家共同体有挑战且需要时间。因此，我们在本章还提供了一些建议，说明如何帮助教师在教学中更好地支持学生持续学习。

参与科学学习的一些规范

本书第一章介绍了科学学习的能力标准（Duschl et al., 2007; Michaels et al., 2008）。在这一点上，有必要提醒大家注意的是，如果没有注意到标准4：有效地参与科学，即要求学生理解提出科学观点和证据的规范，并在课堂研究中与同伴进行有效的社会互动（Michaels et al., 2008, p.21），我们所分享的关于讨论和书写科学解释的信息与想法就不可能实现。遗憾的是，在学校的科学课程中，尤其是小学阶段，这部分内容很少受到关注。本章设置的目的就是帮助师生建立有效的对话模式以支持科学学习，并用科学解释框架促进学生积极参与科学学习的规范。

积极倾听与对话模式

要让低年级学生积极参与科学讨论有许多挑战。他们不仅需要学习怎样合理地提出想法，还必须学习互相倾听，并在对方想法的基础上发展出自己的想法。《英语语言艺术共同核心标准》也强调了这一点（Common Core State Standards Initiative，2010）。在库尔老师的二年级班级中，她通过使用本书第四章中描述的同意/不同意讨论技巧解决倾听的问题。她鼓励学生积极倾听，认为学生需要先理解他人所提出的观点，才能将其与自己的想法进行比较，从而做出同意或不同意的判断。要做到这一点，每个学生都要努力澄清和表达自己的想法，并试图理解同伴的想法。这成为参与课堂讨论的既定方式，本书称其为规范。在教师与学生进行规范练习的短短几周后，我们就多次观察到学生能很快自动地进入课堂讨论，说"我不同意马克的观点，因为……"。与此同时，教师会提示学生说出他们的推理。当教师经常问"你为什么这么想？"和"你的证据是什么？"，学生就会自动在讨论中加入推理和证据。

这种讨论方式与日常的学科课堂上常见的对话模式有很大的不同。IRE是一种普遍的对话模式：提问（initiate）—回答（response）—评价（evaluate）（Lemke，1990）。在这种模式中，教师提出问题，学生回答，教师对回答进行评价。如以下教学片段示例。

（I）库尔老师：研究是什么意思？

（R）学生：就像做一件事，从这件事中有所发现。

（E/I）库尔老师：完全正确。那科学家们都研究什么？

（R）学生们：（大声说）虫子、恐龙、岩石。

（E）库尔老师：是的。科学家通过提问、仔细观察、记录以及与他人分享想法来研究所有事物。

在IRE模式中，教师从一个问题迅速转到下一个问题，一边转换一边评价学生的回答。然而，上述教学片段并不是库尔老师课堂实际发生的情况，对话中库尔老师还征求了其他学生的意见，然后把它们整合记录在班级记录表中。使用本书第四章中描述的对话模式可以帮助教师摆脱僵化的IRE模式，即由教师主导的课堂对话模式，取而代之的是采取多个学生参与的形式，在科学共同体中让他们的想法彼此建立联系，共同构建意义。

建设性的批判文化

在与小学教师的合作中，我们了解到他们非常关注课堂上出现分歧的情况。一项针对职前小学教师的研究显示：强调证据和解释的科学教学，最大的困难之一是教师是否能够认识到分歧可以作为学习的有力工具（Zembal-Saul，2009）。在解决分歧的过程中，无论是实验设计还是根据证据提出观点，都要求学生的思维清晰可见，并进行高水平的推理。学生们通过协商达成共识，对科学概念和科学实践产生新的、丰富的理解。

我们需要创建一种课堂文化，让学生在表达同意或不同意他人的观点时感到很安全。这不是偶然形成的，制定"游戏规则"时要深思熟虑，体现开放与合作。在本章开头的教学片段和随后的教学片段描述中，教师与学生一起讨论他们理想中的科学课是什么样的。学生对这些贴在教室墙上的规则达成共识，并随着课堂学习不断重温这些规则。班级学习共同体为每个学生公平地参与学习活动制定了共同愿景，学生在科学讨论和科学实践时以这个愿景为准绳。批判性（criticism）文化是形成共同体的重要保证。在这种文化中，集体的目标是共同构建尽可能科学准确的解释，所以提出问题和改进建议时每一个学生不会有顾虑。共同体的所有成员都对这一集体目标负责，批判成为改进的工具，超过了共同体中任何一个个体成员完成的工作。

通过下面的教学片段，我们一起来看看赫什伯格老师是如何使用"同意/不同意"促进学生积极倾听形成批判性文化的，以及如何强调科学解释框架各要素的。赫什伯格老师让全班学生创建一张"我们理想中的科学课是什么样子"的图表。课前，全班学生在图表中写下了以下项目：（1）像科学家那样思考和行动；（2）尊重每个人的努力和出现的错误；（3）管理好材料；（4）一起合作；（5）倾听他人的想法。教学开始时，赫什伯格老师请全班学生思考为什么倾听很重要，当一位科学家分享观点时，其他的科学家为什么要认真倾听？有一个学生提出，倾听是一种重

要的学习方式。另一个学生
介绍了一些科学家对待分歧
的做法。他解释说，科学家
对恐龙灭绝的原因有不同的
看法，听了不同的理论后，
一些科学家改变了他们的观
点。赫什伯格老师提示全班
学生可以将这个建议列为"认
真倾听，看看你是否同意他
的观点"。一个学生分享说，

建立科学共同体

我们可以对他人的观点进行补充。另一个男孩建议，我们应该认真听一听，看对方
是否和我们在说同一件事，尤其注意他们说的细节。教师在图表中补充了更多关于
倾听的信息："（6）倾听他人的想法，我们可以从中学习，并做出同意或不同意的
判断，从中发现是否看到相同的内容并作补充。"当赫什伯格老师写完这句话后，
一个女孩提出了"证据"这个词，这显然让教师很兴奋。全班对什么是证据进行了
讨论，并在图表中添加："（7）用证据支持我们的想法（观点）。"

赫什伯格老师问学生"像科学家一样说话"是什么意思。经过一番讨论，全班
回答说，这意味着使用科学家可能用到的特定科学词汇——如保护色、尿液、膜、
翅目等。最后，全班学生在图表上又做了一次补充："（8）使用科学词汇描述我们
看到的和所做的。"

赫什伯格老师用这种引导性讨论为科学课，特别是科学对话怎么开展奠定了
基础。她有目的地让全班学生深入思考，何种倾听有助于提高科学讨论的成效。
当教师要求学生思考并参与制作一个描述理想科学课样子的图表时，学生在成为
科学家共同体的过程中掌握了主动权（ownership），会更加积极地参与。当他们
实践"像科学家一样做和听"时，能越来越轻松自如地表达自己的观点并对他人
的观点做出评判。学生很快就学会了使用解释框架的组成要素表达他们的观点和
分歧，而不是个人化的随意分享。随着时间的推移，学生会逐步在分享想法中加
入观点背后的理由。他们知道，大家更期望听到观点背后的内容，而不仅仅是简
单的"是/否"或"同意/不同意"。

支持教师改进自己的教学

形成优先关注构建科学解释的小小科学家共同体是有挑战的。在本书的最后部分，我们将思考为什么即使对最有经验的教师来说很困难，也仍然有教师愿意重新审视自己的教学，尝试采取不同的方法。此外，本书为教师重新审视和改进自己的教学提供了一些建议。一线教师是专业学习共同体的一部分，他们的工作重点是让学生参与构建口头和书面的科学解释，因此，我们认为在本书中将一线教师的声音纳入其中很有意义。在下面的文字中，我们对一线教师以注重科学解释的方式教科学的挑战、益处以及对未来的建议进行了总结，并附有与她们谈话的片段。

以解释的方式教科学带来的益处

是什么驱动教师追求"让学生参与构建科学解释"的复杂实践？我们与珍妮弗·科迪老师、伊丽莎白·卡林老师、珍妮弗·格鲁伯老师、金伯·赫什伯格老师和朱迪·库尔老师进行了座谈，请她们分享以这种方式教科学的优势。老师们一开始就回答说："这很有趣！"珍妮弗·格鲁伯老师说，这样的教学方式为学生提供了"表达他们想法的框架"。她指出，这样做会给学生提供清晰表达和支持自己想法的机会。此外，珍妮弗还谈到了学生在进行科学讨论时相互理解的重要意义——本书称之为参与规范。朱迪提到了学生能够在观点之间建立联系，因为"他们不是在简单地动手操作，而是有目的地开展活动。学生获得了脚手架的支持，所以课程能真正产生意义"。珍妮弗·科迪分享了她班上一个不喜欢科学的女孩的故事，讲述了这个学生是怎样因为参与科学讨论和解释而发生改变的。

对珍妮弗·格鲁伯来说，以解释的方式教科学的另一个益处是当学生提出的问题与教师的预期目标一致时，课程会更真实、更有激励性。她观察到，学生的参与度会随着这种自主权的增加而提高。伊丽莎白称其为"买进"（the buy in），并谈到学生对问题和课程的所有权有助于在课堂上建立一种科学共同体的感觉。朱迪提到，在许多学校，学生并未真正"参与正在发生的事情"，而当学生对他们的科学学习有发言权时，他们就有了动力。

伊丽莎白讨论了发生在教师和学生身上的"恍然大悟"（Ah-ha！）时刻。她看到了帮助学生了解科学家们回答问题的过程的显著作用，目睹了学生如何在其他学科领域（包括社会研究和数学）应用这些能力。伊丽莎白指出，使用科学解释工具，如提供证据，可以激发学生的好奇心，让他们有信心为问题寻找答案。最后，珍妮弗·格鲁伯解释说，以这种方式教科学也有许多挑战，并指出这不是一个容易的过程。然而她认为，在以这种方式完成了一些单元的教学后，就很难接受其他教学方式了。其他老师也赞同她的观点。

对改进实践的思考

在座谈中，老师们也描述了自己为了"让学生参与构建科学解释"进行了哪些方面的教学改进。老师们认为这种实践具有一定的挑战性，但对于鼓励学生进行科学解释、形成"小小科学家共同体"是很有价值的。她们谈到了一些富有成效的突破，以及在课堂上实施新策略时遇到的困难。伊丽莎白首先承认自己还有很长的路要走——这也是其他老师的共同心声。她解释说，内容故事线帮助她把学生的注意力集中在研究问题上，为她在教学过程中选择适当的活动提供了框架。她认为故事线是一种学习路线图，让学生在实践活动中达成一致，并最终将注意力集中在目标问题上，从而帮助学生对科学概念产生更丰富、更连贯的理解。珍妮弗·科迪补充说，在她与学生一起创建科学故事线并围绕科学故事线开展学习的过程中，自己的学科知识也得到了丰富。珍妮弗·格鲁伯称内容故事线是"贯穿一个主题的连续旅程"。伊丽莎白和珍妮弗·格鲁伯都明确表示，使用科学故事线能帮助学生更深入地学习，同时达到标准的要求。

朱迪说她一直在学习，也在质疑正在做的事情，质疑课程以及如何达到预定目标。她认为，质疑是审视自己做法的一个关键部分。帮助二年级学生理解并使用观

对改进实践的思考

点和证据是朱迪老师科学教学的重要部分，要让学生理解并在科学讨论中使用观点、证据，使学生像科学家一样思考和对话。朱迪老师分享说，最近她使用句子开头语作为支架帮助学生写出观点和证据。此外，她还在课堂教学中提供多个机会，让全班收集多种数据为观点提供明确的证据。

珍妮弗·格鲁伯也分享了她在引导学生提出观点方面的做法。她强调要了解学生，让他们在与现象的直接互动（直接观察、触摸和记录）中提出观点。珍妮弗和金伯谈到了"鸟的食物"调查活动。在这项活动中，六年级学生通过记录吃四种不同类型鸟食的物种数量收集可观察的数据。珍妮弗觉得这是一个很好的例子，她的学生能够根据所收集的证据明确地提出观点。在这个教师研究团队分享自己的教学实践是如何基于解释框架进行规划并得以发展时，兴奋之情溢于言表。这些教师一起工作，讨论成功的经验以及需要继续成长的地方，形成了一个强大的、相互信任的学习共同体。

正如这次座谈所强调的，即使是那些一直努力在学习共同体中将科学解释融入课堂的教师，也觉得自己还有很长的路要走。本书中提到的解释框架和教学策略可以作为教学的工具，教师可根据学生的学情、具体的科学课程、学校文化以及本地区的环境等调整后使用，以满足实际需求。本书并没有提供一种万能的解决方案，重要的是教师不断质疑和反思自己的做法，在整个学年以及未来新的学年更好地建立小小科学家共同体。教师是一个要求很高的职业。不断反思并改进教学费时费力，会给教师带来很多真实的挑战，但同时教师也会获得巨大的回报。

一些建议

本书研究团队的老师们成功地把科学解释融入课堂教学，她们也给大家提出了一些建议。她们提到，先从小事做起，不要想着一下子把所有事情都做完。同时，她们认为寻求教学伙伴或专业学习共同体

提出建议

的帮助也非常重要。在开发内容故事线、提出好问题方面，一个人往往难以做到。所以，在教学设计过程中研究团队的支持和反馈是非常有帮助的。伊丽莎白建议，教师需要有良好的学科背景，即使不知道所有的内容也没关系，有些过程是与学生一起研究现象、发现科学原理，回答关于自然界的问题。

老师们也认识到事情不会一直按照预期的进行，因此灵活地思考和安排时间很重要。比如，你可能认为一节课需要一个小时，但实际上需要一个半小时。因为当学生参与科学讨论时，很难确切地预估讨论需要多长时间。因此，这个过程教师要有耐心，灵活地处理教学进度。朱迪老师还补充道：当学生进行科学讨论和写作时，是一个非线性的过程，这与传统的教学过程不同。因此，教师对学生有耐心非常重要。

老师们最后就"新学年伊始如何建立小小科学家共同体，怎样向学生介绍科学讨论的词汇和规范"等方面提出了建议。朱迪老师建议选择那些能让学生兴奋的学习内容（如观察帝王斑蝶的幼虫），有助于他们学到重要的技能，如观察并记录详细的观察结果以提出观点。伊丽莎白最后总结了对解释框架的理解建构过程以及每个组成部分的预期模式。正如这些教师在建议中提到的，教学中总有一些可以重点改进的地方。此外，她们还强调了在学生参与科学讨论时，对讨论过程和学生保持耐心的重要性。我们想补充的是，当教师把口头讨论和书面科学解释的策略融入课堂实践时，对自己保持耐心也很重要。

本章关键要点

　　形成"基于证据、推理构建和辩论观点"的科学课堂文化是需要时间的。构建科学解释是一项具有挑战性的任务。然而书中的多个例子说明，对于所有的小学生来说，这一目标不仅重要而且是可以实现的。本书包含了与作者合作过的教师和学生一起经历过的成功经验和各种策略。希望读到本书最后的你充满信心：当你开始培养小小科学家共同体时，你已经拥有了一套资源工具包，能成功地帮助学生参与构建科学解释。

阅读反思与实践

1. 把学生参与科学讨论的课录下来。观看录像并反思其中的科学对话模式：是否有些对话结构更像是IRE模式？是否有些对话包含了更多的学生互动？为什么讨论中会出现这些变化？

2. 与学生一起，为科学学习共同体制定"游戏规则"图表，判断哪些规则和规范很重要。

3. 思考：怎样让学生的科学解释水平随着时间不断提高？学年开始时目标是什么？学年即将结束时目标又是什么？怎样才能帮助学生实现这些目标？

4. 作为一名教师，你对自己的专业发展有什么目标？想重点改变教学实践的哪些方面？为什么？

参考文献

Adams, C. M., & Pierce, R. L. (2003). Teaching by tiering: Creating lessons with multiple levels can be an effective method for meeting the needs of all learners. *Science and Children*, 3, 30–34.

American Association for the Advancement of Science. (1990). *Science for all Americans*. New York: Oxford University Press.

American Association for the Advancement of Science. (1993). *Benchmarks for science literacy*. New York: Oxford University Press.

American Association for the Advancement of Science. (2009). *Benchmarks Online*. Retrieved May 14, 2010, http://www.project2061.org/publications/bsl/online/index.php.

Appleton, K. (2005). *Elementary science teacher education: International perspectives*. Mahwah, NJ: Lawrence Erlbaum.

Avraamidou, L., & Zembal-Saul, C. (2005). Giving priority to evidence in science teaching: A first-year elementary teacher's specialized knowledge and practice. *Journal of Research in Science Teaching*, 42(9), 965–986.

Barreto-Espino, R. (2009). Teaching science as argument: Prospective elementary teachers' knowledge. Unpublished doctoral dissertation, The Pennsylvania State University, University Park, PA.

Bell, P., & Linn, M. C. (2000). Scientific arguments as learning artifacts: Designing for learning from the web with KIE. *International Journal of Science Education*, 22, 797–817.

Bransford, J., Brown, A., & Cocking, R. (Eds.). (2000). *How people learn: Brain, mind, experience and school*. Washington DC: National Academy Press.

Britsch, S. J., & Heise, K. A. (2006). One mode is not for all: Interpreting how special needs students communicate science knowledge. *Science and Children*, 4, 26–29.

Common Core State Standards Initiative. (2010). Retrieved June 29, 2011, http://www.corestandards.org/the-standards/english-language-arts-standards.

Davis, E. A., Petish, D., & Smithey, J. (2006). Challenges new science teachers face. *Review of Educational Research*, 76(4), 607–651.

Driver, R., Guesne, E., & Tiberghien, A. (Eds.). (1985). *Children's ideas in science*. Philadelphia: Open University Press.

Driver, R., Squires, A., Rushworth, P., & Wood-Robinson, V. (1994). *Making sense of secondary science: Research into children's ideas*. London: Routledge.

Duschl, R. A., Schweingruber, H. A., & Shouse, A. W. (Eds.). (2007). *Taking science to school: Learning and teaching science in grade K–8*. Washington DC: National Academy Press.

Echevarria, J., Vogt, M., & Short, D. S. (2008). *Making content comprehensible for English learners: The SIOP Model*. Boston: Pearson, Allyn & Bacon.

Fulton, L., & Campbell, B. (2003). *Science notebooks: Writing about inquiry*. Portsmouth, NH: Heinemann.

Gagnon, M. J., & Abell, S. K. (2009). ELLs and the language of school science. *Science and Children*, 5, 50–51.

Grotzer, T., & Perkins, D. (2005). *Causal patterns in simple circuits: Lessons to infuse into electricity units to enable deeper understanding*. Cambridge, MA: President and Fellows of Harvard College. http://www.cfa.harvard.edu/smg/Website/UCP/resources.html.

Hammerness, K., Darling-Hammond, L., Bransford, J., Berliner, D., Cochran-Smith, M., & McDonald, M. (2005). In L. Darling-Hammond & J. Bransford (Eds.), *Preparing teachers for a changing world: What teachers should learn and be able to do*. San Francisco: Jossey-Bass.

Hand, B. (Ed.). (2008). *Science inquiry, argument and*

language: A case for the science writing heuristic. Rotterdam, The Netherlands: Sense Publishers.

Hand, B., & Keys, C. W. (1999). Inquiry investigation: A new approach to laboratory reports. *Science Teacher*, 66, 27–29.

Harlen, W. (2001). *Primary science: Taking the plunge* (2nd ed.). Portsmouth NH: Heinemann.

Hershberger, K., Zembal-Saul, C., & Starr, M. (2006). Evidence helps the KLW get a KLEW. *Science & Children*, 43(5), 50–53.

Keenan, S. (2004). Reaching English language learners: Strategies for teaching science in diverse classrooms. *Science and Children*, 2, 49–51.

Krajcik, J., McNeill, K. L., & Reiser, B. (2008). Learning-goals-driven design model: Curriculum materials that align with national standards and incorporate project-based pedagogy. *Science Education*, 92(1), 1–32.

Krajcik, J. S., & Sutherland, L. (2009). IQWST Materials: Meeting the Challenges of the 21st Century. Paper presented at the NRC workshop on exploring the intersection between science education and the development of 21st century skills.

Kur, J., & Heitzmann, M. (2008, January). Attracting student wonderings: Magnets pull students into scientific inquiry. *Science and Children*, 28–32.

Lee, O. (2005). Science education with English language learners: Synthesis and research agenda. *Review of Educational Research*, 75(4), 491–530.

Lemke, J. (1990). *Talking science: Language, learning and values.* Norwood, NJ: Ablex.

McNeill, K. L. (2011). Elementary students' views of explanation, argumentation and evidence and abilities to construct arguments over the school year. *Journal of Research in Science Teaching.*

McNeill, K. L. (2009). Teachers' use of curriculum to support students in writing scientific arguments to explain phenomena. *Science Education*, 93(2), 233–268.

McNeill, K. L., & Knight, A. M. (in review). Teachers' pedagogical content knowledge of scientific argumentation: The impact of professional development on teaching K–12 science.

McNeill, K. L., & Krajcik, J. (2007). Middle school students' use of appropriate and inappropriate evidence in writing scientific explanations. In M. Lovett & P. Shah (Eds.), *Thinking with data* (pp.

233–265). New York: Taylor & Francis.

McNeill, K. L., & Krajcik, J. (2008a). Scientific explanations: Characterizing and evaluating the effects of teachers' instructional practices on student learning. *Journal of Research in Science Teaching*, 45(1), 53–78.

McNeill, K. L., & Krajcik, J. (2008b). Assessing middle school students' content knowledge and reasoning through written scientific explanations. In J. Coffey, R. Douglas, & C. Stearns (Eds.), *Assessing science learning: Perspectives from research and practice* (pp. 101–116). Arlington, VA: National Science Teachers Association Press.

McNeill, K. L., & Krajcik, J. (2009). Synergy between teacher practices and curricular scaffolds to support students in using domain specific and domain general knowledge in writing arguments to explain phenomena. *Journal of the Learning Sciences*, 18(3), 416–460.

McNeill, K. L., & Krajcik, J. (2012). *Supporting grade 5–8 students in constructing explanations in science: The claim, evidence and reasoning framework for talk and writing.* Boston: Pearson.

McNeill, K. L., Lizotte, D. J., Krajcik, J., & Marx, R. W. (2006). Supporting students' construction of scientific explanations by fading scaffolds in instructional materials. *Journal of the Learning Sciences*, 15(2), 153–191.

McNeill, K. L., & Martin, D. M. (2011). Claims, evidence and reasoning: Demystifying data during a unit on simple machines. *Science and Children*, 48(8), 52–56.

McNeill, K. L., & Pimentel, D. S. (2010). Scientific discourse in three urban classrooms: The role of the teacher in engaging high school students in argumentation. *Science Education*. 94(2), 203–229.

Metz, K. E. (2000). Young children's inquiry in biology: Building the knowledge bases to empower independent inquiry. In J. Minstrell & E. H. van Zee (Eds.), *Inquiring into inquiry learning and teaching in science* (pp. 371–404). Washington, DC: American Association for the Advancement of Science.

Michaels, S., Shouse, A. W., & Schweingruber, H. A. (2008). *Ready, set, science! Putting research to work in K–8 science classrooms.* Board on Science Education, Center for Education, Division of Behavioral and Social Sciences and Education. Washington DC: National Academy Press.

National Academies. (2009). Workshop: *Exploring the intersection of science education and the development of 21st century skills.*

National Research Council. (1996). *National science education standards.* Washington DC: National Academy Press.

National Research Council. (2000). *Inquiry and the national science education standards: A guide for teaching and learning.* Washington DC: National Academy Press.

National Research Council. (2001). *Classroom assessment and the national science education standards.* Washington DC: National Academy Press.

National Science Resources Center. (2003). *Science and technology for children: Motion and design.* Burlington, NC: Carolina Biological Supply Company.

Nelson, V. (2010). Learning English, learning, science: How science notebooks can help English language learners with two subjects. *Science and Children*, 3, 48–51.

Norton-Meier, L., Hand, B., Hockenberry, L., & Wise, K. (2008). *Questions, claims and evidence: The important place of argument in children's science writing.* Portsmouth, NH: Heinemann.

Ogle, D. M. (1986). K-W-L: A teaching model that develops active reading of expository text. *The Reading Teacher*, 39(6), 564–570.

Olson, J. K., Levis, J. M., Vann, R., & Bruna, K. R. (2009). Enhancing science for ELLs: Science strategies for English language learners that benefit all students. *Science and Children*, 5, 46–48.

Pray, L., & Monhardt, R. (2009). Sheltered instruction techniques for ELLs: Ways to adapt science inquiry lessons to meet the academic needs of English language learners, *Science and Children*, 7, 34–38.

Rose, D. H., & Meyer, A. (2002). *Teaching every student in the Digital Age: Universal Design for Learning.* Alexandria, VA: ASCD.

Roth, K., Chen, C., Lemmens, M., Garnier, H., Wickler, N., Atkins, L., Calabrese Barton, A., Roseman, J. E., Shouse, A., & Zembal-Saul, C.

(2009, April). Coherence and science content storylines in science teaching: Evidence of neglect? Evidence of effect? Colloquium and paper presented at the annual meeting of the National Association for Research in Science Teaching (NARST). Garden Grove, CA.

Roth, K., Garnier, H., Chen, C., Lemmens, M., Schwille, K., & Wickler, N.I.Z. (2011). Videobased lesson analysis: Effective Science PD for teacher and student learning. *Journal of Research in Science Teaching*, 48(2), 117–148.

Roth, K. J., Druker, S. L., Garnier, H., Lemmens, M., Chen, C., Kawanaka, T., Rasmussen, D., Trubacova, S., Warvi, D., Okamoto, Y., Gonzales, P., Stigler, J., & Gallimore, R. (2006). Teaching science in five countries: Results from the TIMSS 1999 video study (NCES 2006-2011). Washington DC: National Center for Education Statistics. Available at http://nces.ed.gov/timss.

Settlage, J., & Southerland, S. A. (2007). *The nature of science teaching science to every child: Using culture as a starting point.* New York: Taylor & Francis.

Steele, M. M. (2007). Science success for students with special needs: Strategies for helping all students master science standards. *Science and Children*, 2, 48–51.

Toulmin, S. (1958). *The uses of argument.* Cambridge, UK: Cambridge University Press.

Zembal-Saul, C. (2005, April). Preservice teachers' understanding of teaching elementary school science as argument. Paper presented at the annual meeting of the National Association for Research in Science Teaching (NARST), Dallas, TX.

Zembal-Saul, C. (2007, August). Evidence and explanation as a lens for learning to teach elementary school science as argument. Paper presented at the European Science Education Research Association (ESERA) meeting, Malmo, Sweden.

Zembal-Saul, C. (2009). Learning to teach elementary school science as argument. *Science Education*, 93(4), 687–719.

Zembal-Saul, C. (2010). *Toward an emphasis on evidence and explanation in K–5 science teaching.* Poster presented at the International Conference of the Learning Sciences, Chicago.

出 版 人　郑豪杰
责任编辑　殷　欢
版式设计　锋尚设计　孙欢欢
责任校对　贾静芳
责任印制　叶小峰

图书在版编目（CIP）数据

科学论证怎样教？帮助学生构建科学解释 /（美）卡
拉·泽姆巴尔-索尔，（美）凯瑟琳·L. 麦克尼尔，（美）
金伯·赫什伯格著；何燕玲，孙慧芳译 . — 北京：教育
科学出版社，2024.1（2024.5 重印）
书名原文：What's Your Evidence? Engaging K–5
Students in Constructing Explanations in Science
　　ISBN 978–7–5191–3656–7

Ⅰ.①科⋯　Ⅱ.①卡⋯ ②凯⋯ ③金⋯ ④何⋯ ⑤孙⋯
Ⅲ.①科学 — 论证 — 教学研究　Ⅳ.① G40–05

中国国家版本馆 CIP 数据核字（2023）第 230995 号

北京市版权局著作权合同登记　图字：01–2023–1464 号

科学论证怎样教？帮助学生构建科学解释
KEXUE LUNZHENG ZENYANG JIAO? BANGZHU XUESHENG GOUJIAN KEXUE JIESHI

出 版 发 行	教育科学出版社				
社　　　址	北京·朝阳区安慧北里安园甲 9 号		邮　　　编	100101	
总编室电话	010–64981290		编辑部电话	010–64981269	
出版部电话	010–64989487		市场部电话	010–64989009	
传　　　真	010–64891796		网　　　址	http://www.esph.com.cn	
经　　　销	各地新华书店				
制　　　作	北京锋尚制版有限公司				
印　　　刷	保定市中画美凯印刷有限公司				
开　　　本	720 毫米 ×1020 毫米　1/16		版　　　次	2024 年 1 月第 1 版	
印　　　张	11		印　　　次	2024 年 5 月第 2 次印刷	
字　　　数	177 千		定　　　价	45.00 元	

图书出现印装质量问题，本社负责调换。